SPi

SugarCraft

설탕으로 빚는 감성의 기술

㈜지구문화

SPi 머리말

슈가크래프트는 단순한 장식 기술을 넘어, 설탕이라는 재료에 생명을 불어넣는 정교한 예술입니다. 이 아름다운 세계를 더 많은 이들과 나누고 싶다는 마음에서, 그리고 그간의 교육과 현장 경험을 한 권에 담고자 이 책을 집필하게 되었습니다.

이 책은 슈가크래프트를 처음 접하는 학생은 물론, 전문 제과제빵인, 그리고 일반인 누구나 쉽게 따라할 수 있도록 구성하였습니다. 무엇보다 비용이나 접근성의 문제로 슈가크래프트 학습을 망설였던 분들께 도움이 되고자 과정별 사진을 풍부하게 수록하여 혼자서도 충분히 학습할 수 있도록 세심하게 안내했습니다.

책 곳곳에는 집필자가 오랜 시간 지도해온 학생들의 훌륭한 작품들과 국내외 대회에서 입상한 실제 사례들을 담았습니다. 이를 통해 대회를 준비하는 분들께도 풍부한 아이디어와 영감을 제공하고자 했습니다. 또한 자격증 시험 대비를 위한 기출문제와 실전 팁을 실어 실용성과 응용력을 모두 갖춘 도서로 완성하였습니다.

이 책이 누군가에겐 시작의 용기가 되고, 또 누군가에겐 창의적 도전의 밑거름이 되길 바랍니다. 슈가크래프트가 보다 많은 사람들에게 가깝고 친숙한 문화예술로 자리잡기를 바라며 아울러 이 책을 통해 세상에 단 하나뿐인 더 많은 아름다운 작품들이 탄생하길 진심으로 기대합니다.

그리고 여러분들과 함께 성장할 날들을 기대합니다.

이 책이 나오기까지 흔쾌히 도와주신 최두리 회장님, 그리고 집필 내내 함께해 주신 부산보건대학교 호텔제과제빵과 교수님들, 특히 강민서, 이수경 학생 모두 이 자리를 빌어 감사의 인사를 드립니다.

2025년 성하에

지은이 김정계

차례

차례

Chapter 04 식품위생학

Chapter 05 제과학

차례

Chapter 06 플라워 만들기

Chapter 1. 슈가크래프트의 이해

chapter 1

슈가크래프트의 이해

1. 슈가크래프트(Sugarcraft, 설탕공예)란?

슈가크래프트란 분당에 젤라틴을 첨가하여 쫀득쫀득한 반죽을 만들어 여러 가지 꽃이나 장식물, 모델링을 만드는 것이다.

이 분야의 직업으로는 슈가크래프트 교육가, 슈가크래프트 제품판매자가 있으며 교육가는 어린이교육, 전문가 양성자, 대회전문 트레이너, 특수재활치료담당자, 노인치매예방프로그램 담당자 등 여러 직종으로 나뉘며 판매자는 모델링제작, 웨딩케이크 제작전문가, 플라워 아티스트, 어린이케이크 전문가 등 만드는 분야에 따라서 용도가 매우 세분화되어 있다.

직업을 선택할 때 팁이라고 말하자면 아기자기한 것을 잘 만드는 사람은 어린이케이크 전문가, 하나하나 떼어내어 만들었을 때 완성도가 높고 조리있게 설명을 잘하며 제자양성에 뜻이 있는 사람이라면 교육자의 길로, 창의력이 뛰어나고 고단위의 기술을 두루 갖추고 있으며 새로운 것을 처음 보아도 만들어낼 수 있는 능력을 갖추고 있으며 다양한 기술을 접목하여 대형작품, 또는 디테일한 작품을 소화할 수 있어야 한다.

그리고 예술적이며 창의적인 작품을 만들 수 있는 능력을 가진 사람은 대회 트레이너로서 적합할 것이다. 경험상 많은 훈련과 경험을 바탕으로 최고의 기술을 요구하는 것이 대회 트레이너의 자질이다.

1. 슈가크래프트의 작업 기법

① 와이어드 플라워 Wired flowers : 플라워 페이스트 Flower paste 로 꽃을 만들어 장식하는 기법

② 모델링 Modelling : 슈가 페이스트 Surgar paste 를 이용하여 각종 장식품을 올리는 기법

③ 파이핑 Piping : 로얄 아이싱 Royal icing 을 가는 튜브로 짜서 케이크를 장식하는 기법

슈가크래프트 작품은 작가의 개성에 따라 케이크 장식이나 테이블의 센터피스로 응용할 수 있으며, 각종 기념일에 기념품으로 활용한다.

2. 슈가크래프트 아티스트 Sugarcraft Artist, 설탕공예가

슈가크래프트 아티스트란 현재 한국에서 희소한 가치를 인정받는 직업군으로 슈가크래프트를 이용 하여 각종 기념일 케이크와 생활 소품을 만드는 일을 하며, 주로 케이크 디자이너 또는 튜터 지도사 로 활동한다.

슈가크래프트 아티스트는 작가의 개성과 능력에 따라 활동하는 전문 분야가 다르다. 일반적으로 슈가 꽃을 만들고 어레인지를 하는 슈가 플로리스트, 아이들이 좋아하는 캐릭터 케이크를 주로 제작하는 노벨티 케이크 디자이너, 기념일 행사장이나 결혼식장을 장식하는 화려한 케이크를 주로 만드는 웨딩 케이크 디자이너, 캔디 상자, 케이크 장식품 등 각종 장식품을 주로 제작하는 모델링 전문가 등으로 구분된다.

(1) 슈가크래프트 아티스트가 되려면?

진로의 목적 주문 제작 케이크, 소품 제작 판매 또는 수강생 훈련지도 에 따라서 교육 난이도가 달라지지만 일반적으로는 6개월 정도의 기본 교육을 마치면 스스로 창의적인 작품 활동을 할 수 있는 기본적인 기술을 터득하게 된다.

기본적인 슈가 플라워, 슈가 페이스트를 이용한 데코레이션 기법, 파이핑 기법, 모델링 기법 등을 익히면 케이크 디자이너나 공방 운영자로 활동할 수 있다.

간단한 케이크 판매가 목적이라면 6개월에서부터 1년 정도의 교육으로도 충분하지만 수강생을 지도하거나 전문작가로서 수준 높은 창작작품 활동을 원할 경우는 좀 더 긴 시간을 두고 깊이 심도 있는 교육이 필요하다.

그리고 대회의 경험이나 행사경험 등으로 시행착오를 거치는 것이 좋다.

3. 슈가크래프트 응용

슈가크래프트를 대중적으로 많이 활용할 수 있는 분야는 여러 종류의 기념일 케이크이다. 설탕 자체가 천연 방부제라서 변치 않는 아름다움을 자랑한다. 케이크 윗면의 장식꽃 또는 모델링은 특별한 날을 기리는 선물로 따로 떼어낼 수 있게 작업하여 오랫동안 보관할 수 있고, 아랫단부분 케이크는 함께 나누어 먹을 수 있다.

케이크의 종류에는 백일이나 돌잔치 케이크, 환갑이나 칠순을 위한 케이크, 결혼식을 빛나게 해주는 웨딩 케이크, 각종 기념일이나 프로포즈를 위한 특별 주문 케이크 등이 있다.

이외에도 시들지 않는 아름다운을 느낄 수 있는 슈가 플라워의 장점을 살려 파티와 식탁을 아름답게 장식하는 테이블 센터피스, 푸드 아트 데코레이션, 보관가능한 부케, 프로포즈에 사용하는 슈가 플라워, 선물 데코레이션 등 활용범위가 매우 넓다.

4. 슈가크래프트 방과 후 지도사

'방과후학교'는 2006년부터 각 학교에서 운영하는 교육 체제로 초 · 중 · 고등학교의 정규 교육과정 이외 시간에 운영되는 다양한 형태의 교육 프로그램이다. 맞벌이 가정이 증가하고 주 5일제 수업이 시행되면서 사교육비 부담과 도시와 농촌의 교육 격차를 줄이기 위한 방안의 하나로 도입되었다.

학생들이 스스로의 특기와 적성을 감안하여 참가 가능한 특기적성교육, 교과과정 보충수업 & 심화 수업과 같은 교과 중심 수업, 방과 후 학생들을 돌보는 돌봄교실 등을 총체적으로 '방과후학교'라 한다.

이런 방과후학교에 전반적인 지식과 운용 능력을 갖추고 아이들의 성격을 파악하여 알맞은 방향으로 지도함으로써 아이들의 능력과 적성을 개발하는 '방과후지도사'라고 한다.

슈가크래프트 방과후지도사가 되려면 슈가크래프트지도사 2급 자격이 있어야 하며, 수업 계획을 세우고 운영할 수 있는 능력과 자신만의 포트폴리오를 갖추면 방과후지도사로 활동할 수 있다.

(1) 슈가크래프트 방과후지도사의 장점

① 아이들을 가르치기 때문에 육아 경험이 있는 여성이 유리하다.
② 육아, 출산 등으로 경력이 단절된 사람도 충분히 할 수 있다.
③ 방과후 시간에 활동하기 때문에 오전 시간을 자유롭게 활용할 수 있다.
④ 동아리 강사, 자유학기제 강사 등 다양한 분야로의 진출이 용이하다.

(2) 슈가크래프트 방과후지도사가 취업 가능한 곳

① **초등학교** : 방과후학교, 돌봄교실
② **중학교** : 방과후학교, 돌봄교실
③ 대형마트, 문화센터, 스포츠센터
④ 홈스쿨 창업, 주민센터

주로 초등학교와 중학교를 중심으로 활동하며 각 지역 주민센터나 문화센터 등 다양한 방향으로의 진출이 가능하다.

2. 웨딩 케이크의 역사

웨딩 케이크의 유래는 옛날 로마시대 때 신들에게 바치던 음식들 중에 과일과 너트를 넣은 과일 케이크fruit cake를 결혼식에서 쓰면서부터 시작되었다.

웨딩 케이크는 신의 가호를 비는 의미로 신부의 머리 위에 케이크를 부수어 가루로 뿌렸는데 이게 바로crowding the bride크라우닝 더 브라이드라 불리는 의식이다.

처음에는 부유한 사람들만이 결혼식에서 의식을 행하였고 가난한 사람들은 케이크 대신 밀과 옥수수 따위로 신부의 머리 위에다 뿌리면서 혼인을 축복해주었다.

200년 전까지만 해도 crowning the bride크라우닝 더 브라이드는 충실히 지켜졌는데 점점 시간이 지나면서 시대에 맞게 변형되었다. 하객들은 신부의 머리에 케이크 가루 대신 쌀과 같은 곡물을 뿌리며 축하해주고, 결혼식 참석한 보답으로 한 조각의 케이크를 선물 받아 연회에서 먹거나 또는 집에 가져갔다.

테코레이티드 케이크장식된 케이크는 엘리자베스 1세 때에 헨리 8세의 딸이며 블러디 메리의 이복 동생으로 셰익스피어가 살았던 동 시대의 여왕 처음 소개 되었다. 당시 데코레이티드 케이크는 결혼식 때 먹진 않았지만 눈으로 즐길 가치가 있는 케이크가 최초로 등장한 때였다. 왕족과 귀족층들만 여러 단으로 된 케이크를 살 수 있었고 나머지 시민 들은 한단짜리 케이크만 사용하였다.

그러다가 약혼, 혼인, 영원을 상징하는 3단 원형 케이크가 전통이 되었다. 서민들 사이에서도 3단 케이크가 유행하였는데, 보통 3단 케이크를 사용하면 1단 정도가 남았다.

그래서 그들은 그것을 당장 처리하기보다는 제일 윗단을 결혼한 부부의 첫 아이 세례 식 때 쓰기 위하여 보관하기 시작한 것이 전통이 되어 지금도 으레히 제일 윗단은 결혼식 당일에 쓰지 않고 첫 아이의 세례식을 위해 보관되고 있다.

이것이 가능한 이유는 프루트 케이크는 브랜디나 위스키 또는 럼 등의 술을 넣어서 만들기 때문에 썩지 않으며 오래 보관할 수 있고 맛도 더욱 깊어지기 때문이다.

이 당시 웨딩 케이크는 지금과 형태가 매우 다르다. 아주 작게 나뉜 케이크들은 척척 들러붙는 아몬드 페이스트로 코팅된 상태이며bun의 형태라고 나와 있는데 번이란 아주 작게 손바닥만한 잉글리 시 빵의 한 종류이다. 장식은 주로 몰드장식용 틀로 본을 떠 낸 아몬드 페이스트마지팬를 이용하여 모양을 만들었다. 이 끈적한 아몬드 번들 더미가 예쁜 케이크로 변한 건 역사적 배경이 있다.

1660년에 찰스 2세는 프랑스에서 영국으로 들어와 그의 아끼는 요리사들과 더불어 프랑스 패이스츄리 셰프도 함께 데리고 왔다.

높은 품격의 눈을 가진 프렌치 셰프들 눈에 끈적한 아몬드 빵이 쌓여있는 더미는 그야말로 재앙같이 보였다.

그 중 찰스 2세가 소중히 여기는 셰프 한 명은 “저런 케이크는 전혀 식욕을 돋우지도 않고 아름답지도 않으니 모두 한데 뭉쳐 크게 만들고 sugar crust설탕 부스러기로 겉면을 아이싱한 후 trinket작은 장신구로 데코레이션 하자”는 제안을 했다. 이렇게 장식된 케이크 등장 이후 유럽의 셰프들 사이에선 큰 유행을 불러일으켰고, 경쟁은 점점 더 심해져 모든 셰프들이 왕에게 어울릴만 한 케이크 디자인을 개발하기 위해 힘썼다.

현대에 이르러 웨딩 케이크가 갖는 가장 큰 의미는 변하지 않는 아름다움을 오랜 기간 보관하여 유지할 수 있다는 것이다. 마지팬과 슈가 페이스트를 이용해 공기가 통하지 않도록 커버링 된 케이크는 보관 유지성이 매우 뛰어나 긴기간 보관이 가능하다.

케이크 장식으로 사용되는 슈가 플라워 부케나 각종 장식물들은 설탕 자체가 천연 방부제인 만큼 그 아름다움을 잃어버리지 않고 결혼식의 좋은 기억을 그대로 남길 수 있는 훌륭한 기념품이 된다.

웨딩 케이크도 그 시대의 유행을 나타내며 끝없이 변화해 왔다. 옛날의 케이크들은 건축물의 영향을 많이 받아 아주 근사하고 격식에 맞추어 만든 것이 많았다.

그러나 요즘 케이크는 덜 딱딱하고 비격식적이며 여러 종류의 개성 넘치는 케이크들을 볼 수 있다. 꽃은 옛날부터 종교 의식에서 없어서는 안될 만큼 중요한 존재였다. 가장 우위를 차지하는 웨딩 케이크에 있어서 꽃은 포인트가 된다. 보통 웨딩 케이크에 올라가는 꽃들은 신부의 부케와 맞추기도 하고 신부가 좋아하는 꽃을 특히 주문하기도 한다.

영국의 전통적인 웨딩 케이크는 프루트 케이크에 마지팬을 씌우고 그 위에 슈거 페이스트를 씌워 슈가 플라워나 여러 가지 장식들을 하는 방법과 프루트 케이크에 마지팬을 씌우고 슈가 페이스트 대신 로열 아이싱을 3~4번 덧바르고 여러 가지 장식을 하는 2가지 방법이 있다.

우리도 비록 이것이 영국의 문화이지만 아름답고 창조적인 문화를 배워 우리의 것으로 소화시키며 우리의 독창성을 가미한다면 세계적인 작품들이 나올 수 있으며 제과 발전에도 큰 도움이 되리라 생각된다.

3. 슈가크래프트 반죽 만들기

1. 플라워 페이스트Flower paste

꽃을 만들 때 주로 사용하는 반죽으로 검 트라칸이 들어가서 단단하고 탄성이 강한 반죽으로 레이스나 꽃잎처럼 얇은 것을 표현할 때 많이 사용한다.

(1) 재료

재료	분량
분당(Icing sugar)	500g
검 트라칸(식용 고무분말) 또는 cmc	1/2 티스푼(10g 정도)
가루 젤라틴	12g
물	35g
물엿	50g
쇼트닝	아주 조금(쇼트닝을 따로 넣지 않고 반죽 완료 후 손에 듬뿍 발라서 조물조물 주먹 만한 크기로 뭉쳐서 비닐에 밀봉하는 것을 추천한다.)
달걀흰자	약 20g(온도와 습도에 따라 가감, 비교적 슈가 페이스트보다 조금 더 들어간다.)

*cmc의 양은 고무 분말의 강도에 따라 가감한다.

슈가 페이스트와 플라워 페이스트의 차이점은 플라워 페이스트에 cmc가 들어가고 물엿이 50g으로 줄어든다는 것이다.

(2) 만드는 방법

① 계량된 젤라틴과 물을 섞어서 불린다.

② 볼에 분당과 고무분말을 섞어 준비한다. 볼이 너무 차가우면 젤라틴이 섞이기 전에 굳어버리기 때문에 오븐이나 뜨거운 물로 데운 후 물기를 제거한다.

③ 불린 젤라틴을 중탕으로 녹인다.

④ 젤라틴이 모두 녹으면 물엿과 쇼트닝을 넣어서 함께 중탕한다.

⑤ 덩어리 없이 모두 녹으면 분당과 고무 분말이 섞인 볼에 넣어 섞는다. 한 덩어리가 되도록 잘 섞은 후 반죽에 탄력이 생길 때까지 치댄다.

⑥ 달걀흰자를 넣고 함께 섞고, 반죽의 되기를 확인하며 흰자의 양을 가감한다. 반죽기를 사용할 경우 빵 반죽 고리갈고리로 천천히 섞어 뽀얗게 올라올 때까지 섞는다.

⑦ 레몬즙을 한번 짜 넣는다반죽을 희게 한다.

⑧ 완성된 반죽은 공기가 들어가지 않게 비닐로 밀봉하고 밀폐 용기에 넣은 후 냉장고에 보관한다.

⑨ 젤라틴이 모두 굳을 때까지 하루 정도 숙성시킨 후 사용한다.

*반죽은 냉장 시에는 1주일, 냉동 시에는 1달 정도 보관이 가능하다.

2. 슈가 페이스트 Sugar paste, 커버링 반죽

케이크 커버링을 할 때 사용하는 반죽이며 좀 무른 상태이다.

(1) 재료

재료	분량
분당(Icing sugar)	500g
가루 젤라틴	12g
물	35g
물엿	80g
쇼트닝	조금(쇼트닝을 따로 넣지않고 반죽 완료 후 손에 듬뿍 발라서 위생팩에 담아넣고 밀봉하는 것을 추천한다.)
달걀흰자	1개(온도와 습도에 따라 가감)

완성된 반죽의 젤라틴이 굳기 전에는 흐를 정도로 질어야 하고, 젤라틴이 완전히 굳기 전에 반죽이 질다고 미리 분당을 더 넣으면 단단해진다.

(2) 만드는 방법

① 계량된 젤라틴과 물을 섞어서 불린다.

② 볼에 분당을 섞어 준비한다. 볼이 너무 차가우면 젤라틴이 섞이기 전에 굳어버리기 때문에 오븐이나 뜨거운 물로 데운 후 물기를 제거한다.

③ 불린 젤라틴을 중탕으로 녹인다.

④ 젤라틴이 모두 녹으면 물엿을 넣어 함께 중탕한다. 물엿이 말끔히 풀릴 때까지

⑤ 덩어리 없이 모두 녹으면 분당이 섞인 볼에 넣는다. 한덩어리가 되도록 잘 섞은 후 반죽이 탄력이 생길 때까지 치댄다.

⑥ 달걀흰자를 넣고 함께 섞고, 반죽의 되기를 확인하며 흰자의 양을 가감한다 반죽기를 사용할 경우 빵 반죽 고리갈고리로 천천히 섞어 뽀얗게 올라올 때까지 섞는다.

⑦ 레몬즙을 넣어준다 반죽을 희게 한다.

⑧ 완성된 반죽은 공기가 들어가지 않게 비닐로 밀봉하고 밀폐 용기에 넣은 후 냉장고에 보관한다.

⑨ 젤라틴이 모두 굳을 때까지 하루 정도 숙성시킨 후 사용한다.
*반죽은 냉장 시에는 1주일, 냉동 시에는 1달 정도 보관이 가능하다.

3. 모델링 페이스트모델링 반죽

슈가 페이스트와 플라워 페이스트를 1:1로 섞어 모델링을 만들 때 사용한다.

예 리본, 드레이프, 각종 모델링에 사용

4. 페이스트의 문제 발생 원인과 해결

(1) 끈적거리는 반죽

① 원인

- 물엿이 많이 첨가되었다.
- 각 재료의 정확한 계량이 이뤄지지 않았다.

② 해결

- 쇼트닝을 조금 더 넣어준다.
- 분당을 더 넣고 치댄다.

(2) 단단하며 덩어리가 생겨 있는 반죽

① 원인

- 반죽 레시피를 제대로 지켜지지 않고 작업하였다.
- 반죽 시 제대로 섞지 않았다.

② 해결

- 분당 덩어리가 보일 때는 다시 골고루 반죽한다.
- 반죽이 너무 될 때는 물이나 달걀흰자를 조금씩 섞어 가면서 치댄다.
- 플라워 페이스트가 너무 단단해서 사용하기 힘들다면 슈가 페이스트를 조금 섞는다.

(3) 부스러지고 탄력성 없는 반죽

① 원인

- 지나치게 많은 양의 쇼트닝이 첨가되었다.
- 반죽 시 고루 섞이지 않았다.
- 충분한 양의 검 트라가칸트나 cmc가 첨가되지 않았다.

② 해결

고무분말이 부족한 경우에는 검 트라가칸트나 cmc를 넣어서 다시 반죽한다.

(4) 잔 부스러기가 있는 반죽

① 원인

- 젖었다가 마른 분당을 사용하였다.
- 완성된 반죽을 잘 밀봉하여 보관하지 않아서 표면이 말랐다.

② 해결

표면만 굳었을 때 굳은 부분을 잘라 내어 남은 반죽은 잘 치대어 사용한다.

(5) 젤리 덩어리가 보이는 반죽

① 원인

- 젤라틴을 충분히 불리지 않았다.
- 젤라틴을 중탕으로 완전히 녹여 사용하지 않았다.

② 해결

일반적으로 투명하게 불려진 젤라틴은 잘 섞이지만, 그렇지 않은 경우에는 손으로 다시 섞어서 치대어 사용한다.

(6) 곰팡이가 생긴 반죽

① 원인

- 냉장고에 보관하지 않았거나 밀봉이 제대로 안되었다.
- 만든 지 오래되었다.

② 해결

버린다.

(7) 꽃을 만들면 힘없어 주저앉는 경우

① 원인

- 물이나 달걀흰자가 지나치게 많이 들어갔다.
- 고무분말이 적게 들어갔다.

② 해결

- 분당을 더 넣어서 잘 반죽한다.
- 고무분말을 첨가하여 반죽한다.

5. 로얄 아이싱

로얄 아이싱Ryal Icing이란 분당과 달걀흰자를 섞어서 공기층이 형성되어진 것으로 익히지 않은 상태의 머랭Meringe이라고 볼 수 있다. 로얄 아이싱은 케이크 데코레이션 등 다양한 용도로 사용 되고 있으며, 쓰임새와 종류가 매우 다양하다.

로얄 아이싱에 사용되는 분당은 크게 두 가지가 있다. 하나는 시중에 유통되는 제품으로 안티 케이 킹 에이전트Anti-caking agent가 있는데 이는 설탕의 덩어리짐을 방지하기 위해 옥수수 전분이 포함된 제품이다. 이 제품은 평소 슈가 페이스트를 만들거나 기타 로얄 아이싱을 만들 때는 문제될 것이 전혀 없지만 익스텐션이나 라인 작업 중 매우 가는 파이핑 튜브깍지를 사용할 때는 종종 끊어지는 일이 일어날 수도 있다.

다른 하나는 스페셜리스트 슈가Specialist sugar라고 불리는 100퍼센트 분당 제품이나 100퍼센트 설탕을 갈아서 만든 설탕이 있다. 이들 제품은 안티 케이킹 에이전트 사용 시 발생되는 끊어짐 현상이 발생되지 않는다.

(1) 재료

재료	설명
분당(Icing sugar)	원하는 양
달걀흰자 또는 난백	로얄아이싱의 농도 조절용
레몬즙	달걀흰자의 단백질과 반응하여 아이싱을 단단하게 한다.
글리세린	로얄 아이싱으로 감싼 케이크의 표면을 부서지지 않고 부드럽게 잘리도록 로얄 아이싱 1kg당 5~20ml 정도 사용한다. 런 아웃이나 가는 튜브를 사용하는 익스텐션에는 절대로 넣지 않는다.

(2) 만드는 방법

① 모든 그릇과 도구는 기름기가 없는 상태로 닦아서 말리고 사용한다. 작업 중 소량의 기름기도 로얄 아이싱이 끊어지는 가장 큰 원인이 된다.

② 체에 거른 고운 분당을 믹서기에 넣는다.
③ 난백 가루를 사용할 때에는 미리 난백 가루와 물을 섞어 걸러 놓는다.
④ 분당과 달걀흰자를 믹서기에 넣고 비터기를 끼운다 거품기는 사용하지 않는다.
⑤ 스피드 1상태에서 5분간 섞어주고, 골고루 섞이도록 중간중간 섞는다.
⑥ 필요에 따라서 레몬즙 또는 글리세린을 섞는다.
⑦ 완성된 아이싱은 밀폐 용기에 넣어서 시원하고 건조한 곳에 보관한다 4일까지 보관이 가능하고 금방 사용할 아이싱은 젖은 행주로 덮어서 공기와의 접촉으로 굳는 것을 방지한다.
⑧ 로얄 아이싱을 끊어지지 않게 사용하기 위해서는 완성된 로얄 아이싱을 보드판에 올려 놓고 스패츌러로 여러번 문질러서 공기를 빼주어 로얄 아이싱 조직을 단단하고 끊김없이 사용할 수 있다.

(3) 주의사항

① 작업 시 튜브의 입구는 젖은 행주로 덮어 놓고 사용한다.
② 도구나 튜브는 기름기가 전혀 없도록 닦아서 사용한다.
③ 사용한 튜브는 미지근한 물에 담갔다가 깨끗이 닦아준다. 계속 담아 두면 녹이 생긴다. 사용 중 튜브가 막히면 뜨거운 물로 입구를 녹여서 사용한다. 절대로 철사로 뚫거나 입으로 빨지 않는다.
④ 아이싱이 지나치게 된 경우에는 달걀흰자를 조금씩 넣어가며 섞어주고, 너무 진 경우에는 분당을 조금씩 더 섞어서 농도를 맞춰준다.

6. 재료와 도구 보관 방법

(1) 재료 보관 방법

① **플라워 페이스트, 슈가 페이스트** : 한 번에 쓸 양만큼 소분하여서 비닐 팩에 넣어 공기를 빼고 밀봉해서 보관한다. 1주일 안에 사용할 경우에는 냉장 보관하고, 1주일 이후에 사용할 경우에는 냉동 보관하면 1달 이상 보관이 가능하다. 냉동된 것을 사용할 때에는 밀봉된 상태 그대로 실온에서 완전히 녹을 때까지 기다렸다가 다시 손으로 치대어 사용한다.

② **달걀흰자** : 공기와 접촉되지 않도록 밀봉하여 냉장고에 보관하는데 냄새가 강한 음식과 함께 보관하지 않는다. 부득이하게 계란흰자를 계량하여 보관시에는 랩을 계란흰자에 닿이게 덮어서 다시 랩핑한다. 이 과정을 프랑스어로는 '꽁딱'이라고 한다.

③ **쇼트닝** : 잘 밀봉하여 냉장고에 보관한다. 냄새가 강한 식품과 함께 두지 않는다.

④ **전분, 분당 및 식용 고무분말** : 밀폐 용기에 넣어서 직사광선 및 습기를 피해 보관한다.

(2) 완성 전 슈가 플라워 보관 방법

금방 만든 슈가 플라워는 스티로폼에 꽂아서 자연 건조될 때까지 말린다. 말릴 때에는 습기를 피하고 따뜻하며 건조한 곳이 좋다. 설탕은 수분을 흡수하는 성질이 있으므로 장마철에는 특히나 주의해야 한다.

(3) 완성된 슈가 플라워 보관 방법

완전히 건조된 후에 더스팅가루 색소를 이용하여 색칠하는 방법. 반드시 완전히 마른 후 색칠해야 얼룩이 생기지 않는다. 이 끝난 완성품은 직사광선을 피해서 시원하고 건조한 장소에서 보관한다.

완성된 슈가 플라워 작품은 아크릴 케이스나 유리에 보관하면 좋다. 뚜껑 끝부분이 고무로 마감된 케이스를 사용하면 밀봉이 잘 되어 습기로부터 안전하다. 금속이나 양철로 된 상자는 꽃이 습기를 먹거나 변형이 될 수 있으므로 피한다.

장마철에는 장식장에 실리카겔이나 다른 방습제를 넣어서 보관하면 좋다.

(4) 도구 보관 방법

① **보드** : 사용 후 부드러운 행주로 잘 닦아 보관자주 씻으면 넌스틱 효과가 떨어진다.
오염도가 심할 때는 미지근한 비눗물로 닦아서 건조한다

② **본툴이나 볼툴** : 플라스틱 재질의 소도구들은 부드러운 행주로 잘 닦아 보관자주 씻으면 넌스틱 효과가 떨어진다.
오염도가 심할 때는 미지근한 비눗물로 닦아서 건조한다.

③ 케이크를 고정시키기 위한 가는 나무 기둥 : 뾰족한 부분이 무뎌지지 않게 싸서 건조한 곳에서 보관한다.

④ 금속제 커터 : 사용 후 반죽이 굳어서 달라붙었을 때는 뜨거운 물로 씻어서 재빠르게 물기를 제거한 뒤 빠른 시간 내 완전히 건조시킨다. 커터는 사용할 때마다 반죽이 붙어서 굳지 않도록 수시로 관리한다.

⑤ 색소를 칠한 붓 : 비눗물로 잘 헹궈서 완전히 건조한다. 더스팅 붓은 각 색깔마다 붓을 정해놓고 사용하는 것이 좋으나 그렇지 못할 때에는 녹말가루에 넣어 붓을 세척 후 사용해야 이염을 방지할 수 있다.

⑥ 가위, 핀셋 : 끈적임이 없는 상태를 늘 유지한다.

(5) 반죽과 슈가 플라워 만들 때 주의 사항

① 작업 환경이 완벽하고 청결하며 깨끗한 상태인지 확인한다.

② 반죽할 그릇은 기름기, 얼룩, 먼지가 없는지 확인한다.

③ 손은 비누로 씻은 다음 물기가 아예 없어야 한다. 손에 물기가 남아 반죽의 성질에도 영향을 줄 수 있다는 것을 주의한다.

④ 반죽은 쉽게 건조되므로 비닐 팩에 넣어서 밀봉해 두고 사용한다. 장시간 사용하지 않을 경우는 반드시 냉장고에 보관한다.

⑤ 가루 색소더스팅 컬러나 반죽 색소페이스트 컬러를 만지고 난 후에는 반드시 손을 깨끗이 닦고 반죽을 만진다.

⑥ 작업시에는 깔끔한 면 소재의 옷을 입고 작업하길 추천한다.

7. 슈가 광택법

(1) 스티밍Steaming, 김 쏘이기

완전히 건조된 슈가 플라워를 끓는 물의 뜨거운 수증기 위에서 김을 쏘면 표면이 반질반질해 보이는 효과를 낸다. 반드시 완전히 건조된 꽃이나 잎만을 사용해야 꽃잎이 늘어지는 현상이 발생하지 않는다.

(2) 지방 스프레이 Spray fat

분무기를 이용해 액체 쇼트닝을 분사하는 방법으로 표면에 광택 효과를 낸다. 분사 후 반드시 티슈로 눌러서 남은 기름기를 없애야 한다. 지나친 분사는 가루 색소 등을 뭉치게 해서 만든 작품을 망가뜨릴 수 있으므로 주의해야 한다.

Chapter 2. 기초 기법 익히기

chapter 2 기초 기법 익히기

1. 기본 데코레이팅

1. 커버링

케이크에 할 경우에는 잼을 얇게 발라 준비하고 연습용 모형 케이크스티로폼을 사용할 경우에는 가장자리를 미리 사포로 정리한 후 물을 발라 준비한다.

① 반죽을 실리콘 작업대 위에 올려놓고 평평하게 밀대로 밀어편다.
② 원하는 만큼 펴졌으면 밀대로 감아올려 케이크 표면에 얹는다.
③ 손으로 표면이 잘 붙도록 문지른다.
④ 남아있는 가장자리 반죽은 스크래퍼로 정리한다.
⑤ 스무더를 이용해 정리하여 매끈하게 한다.

(1) 보자기 커버링

전통 케이크나 공주 케이크 치마를 입힐 때 많이 사용한다.

① 만드는 방법

사각형 반죽을 밀어서 주름을 잡은 뒤 케이크 옆면에 하나씩 겹쳐가며 커버링 하는 방법

2. 몰드 사용법

초보자가 큰 기술 없이도 높은 완성도 있는 케이크를 만들고자 할 때 효과가 좋다. 시중에 레이스, 꽃잎, 장식품 모양 등 다양하게 많이 나와있으므로 본인의 케이크 디자인에 맞게 적절히 사용한다면 짧은 시간에 효과적인 케이크를 완성할 수 있다.

(1) 만드는 방법

① 실리콘 몰드 표면에 쇼트닝을 코팅한다.

② 반죽을 몰드 안에 손으로 딱 맞게 꾹꾹 눌러준다.

③ 몰드 안에서 꺼내 물을 발라 원하는 곳에 접착하여 장식한다

3. 드레이프

천이 흘러내리듯이 우아한 느낌을 주는 장식기법이다.

(1) 만드는 방법

① 장식부터 끝까지 바닥에 쇼트닝을 펴바른 후 반죽을 적당한 두께로 민다.

② 원하는 크기만큼 밀었으면 사각형으로 자른다.

③ 한쪽면을 안쪽으로 밀어 넣는다.

④ 자연스럽게 주름을 준다. 오른손잡이는 오른쪽을 3mm 정도 안으로 접은 후 주름을 접고 왼손잡이는 왼쪽을 3mm 정도 안으로 접은 후 주름을 잡기 시작한다.

⑤ 아래쪽에 남은 반죽은 보기 좋게 정리한다. 마지막 부분은 케이크에 안쪽으로 가게 넣고 자연스럽게 웨이브를 잡아준다.

4. 로프 장식

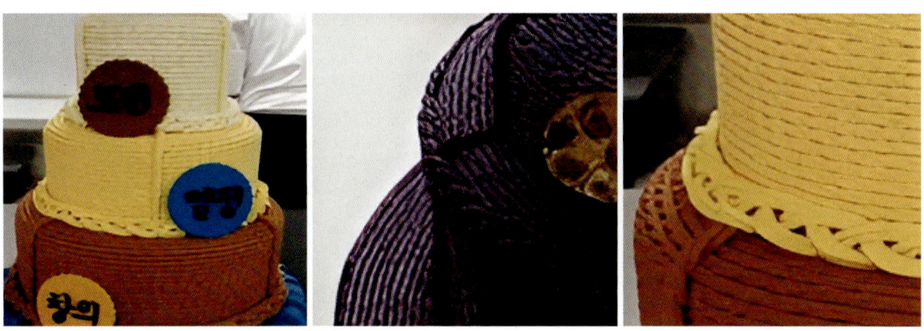

기다란 선을 꼬아서 케이크와 보드 사이의 연결면을 가리고 모서리 등을 감싸는 역할을 한다. 두가닥으로 꽈배기 모양을 하거나 세 가닥으로 머리를 땋은 듯한 모양을 낼 수 있다.

(1) 만드는 방법

① 반죽에 원하는 색상을 넣고 손이나 스무더로 밀어 긴 끈을 두 개 만든다.

② 양쪽 끝을 잡고 각각 반대 방향으로 말아 꽈배기 모양처럼 꼰다.

③ 접착 부분에 물을 바르고 장식한다.

5. 클림퍼 장식

집게처럼 생긴 클림퍼는 케이크 데코레이션을 위해 쉽게 응용하기 좋은 도구이다. 모양에 따라 케이크 표면 가장자리 보드 장식 등 필요한 곳에 문양을 넣고 색칠을 하거나 아이싱으로 파이핑 할 수도 있다. 단 말랑할 때 작업하여야 한다.

(1) 만드는 방법

① 표면이 굳기 전 원하는 위치를 표시하고 클림퍼 표면에 쇼트닝을 살짝 바른다.

② 집게로 집듯이 모양을 낸다.

③ 원하는 장식으로 완성한다.

6. 프릴 장식

자글자글한 러플 모양의 프릴 장식으로 화려하고 풍성한 느낌을 표현하기 좋다. 케이크 옆면장식, 드레스, 레이스 등 두루 사용하며 한겹 또는 여러겹을 겹쳐 사용할수도 있고 그라데이션을 주어 색다른 느낌으로 표현할 수도 있다.

(1) 만드는 방법

① 반죽을 얇게 펴고 6단 주름 커터로 찍어낸다.

② 실크 베이닝 툴로 밀어편다.

③ 필요한 길이로 잘라 붙이고자 하는 곳에 물을 발라 접착한다.

7. 엠보싱 장식

도장을 찍듯이 꾹꾹 찍어 무늬를 내는 기법으로 케이크에 찍어 더스팅 칼라로 색칠하기도 한다.

(1) 만드는 방법

① 반죽 표면에 전분을 살짝바르고 엠보서 표면에는 쇼트닝을 살짝 바른 후 원하는 위치에 찍어 무늬를 낸다.

② 고루 힘을 주어 누른다.

③ 문양이 나온 곳에 색칠을 하여 꾸며준다.

8. 스텐실

스텐실 도구를 사용하여 로얄 아이싱으로 펴 바른 뒤 떼어 초보자도 근사한 그림을 그려낼 수 있다.

(1) 만드는 방법

① 원하는 위치에 스텐실판을 올려 놓는다. 스텐실을 케이크에 부착 시킬 때에는 핀으로 꼽아서 헐렁거리지 않게 고정시킨다.

② 작은 스페츌러로 로얄 아이싱을 떠서 얇게 펴 바른다.

③ 스텐실 판을 떼어낸다.

④ 스텐실은 미지근한 물로 곱게 로얄 아이싱을 씻어내고 문양 변형이 일어나지 않도록 행주로 톡톡 두드려가며 물기를 제거하는 것을 반복하여 작업해야 한다.

9. 로즈 페인팅

식용색소를 이용하여 케이크나 컵케이크에 그림을 그리는 것을 말한다.

(1) 만드는 방법

① 케이크 표면이나 컵케이크에 색소를 이용하여 알코올을 묻혀 그림을 그린다.

② 옅은 색부터 여러 겹으로 표현하는 것이 좋다.

③ 물로 하면 반죽이 녹이므로 알코올을 사용하는 것이 바람직하다.

10. 리본 장식

리본 장식은 굉장히 쉬우면서도 활용도가 높은 기법이다. 큰 리본 하나로 장식할 수도 있고 작은 리본 여러 개로 아기자기함을 표현할 수도 있다.

(1) 만드는 방법

① 페이스트 반죽을 밀어펴서 길다란 띠 모양으로 자른다.

② 가운데 쪽으로 양 끝을 모아 접어준다.

③ 가운데를 W 모양으로 접어준다.

④ 가운데를 감쌀 작은 조각도 양 끝을 W 모양으로 접어 2번 가운데를 감싸 감아준다. 주의. 절대 손으로 모양을 잡으려 하지 않고 자연스럽게 모양이 나와야 한다.

11. 리본 플라워 장식

초보자나 어린이 수업에 많이 사용되는 장식으로 쉽고 아기자기하며 귀여운 케이크를 만들 수 있다.

- 길게 리본끈 모양으로 밀어편 후 반으로 접고 안쪽 끝을 조금 말아 꽃 모양으로 접어가는 기법이다.
- 나중에는 주름을 잡아 풍성하게 말아 붙인다.
- 둥근 원형 커터로 잘라 도톰한 꽃잎 모양으로 만들어 겹차 붙인 후 볼륨감있는 플라워를 만들 수도 있다.

12. 모델링 장식

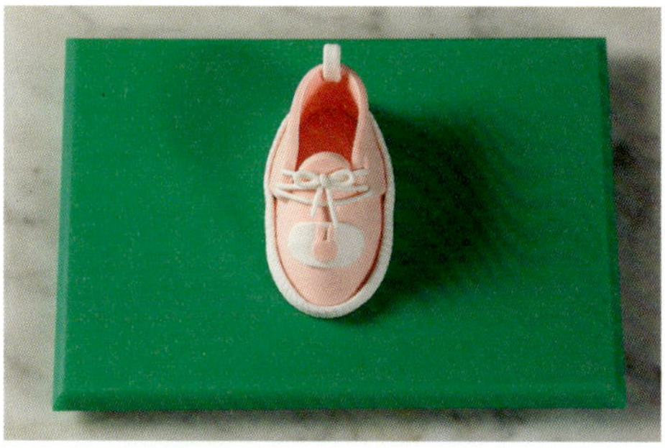

원하는 모형을 만드는 작업을 말한다.

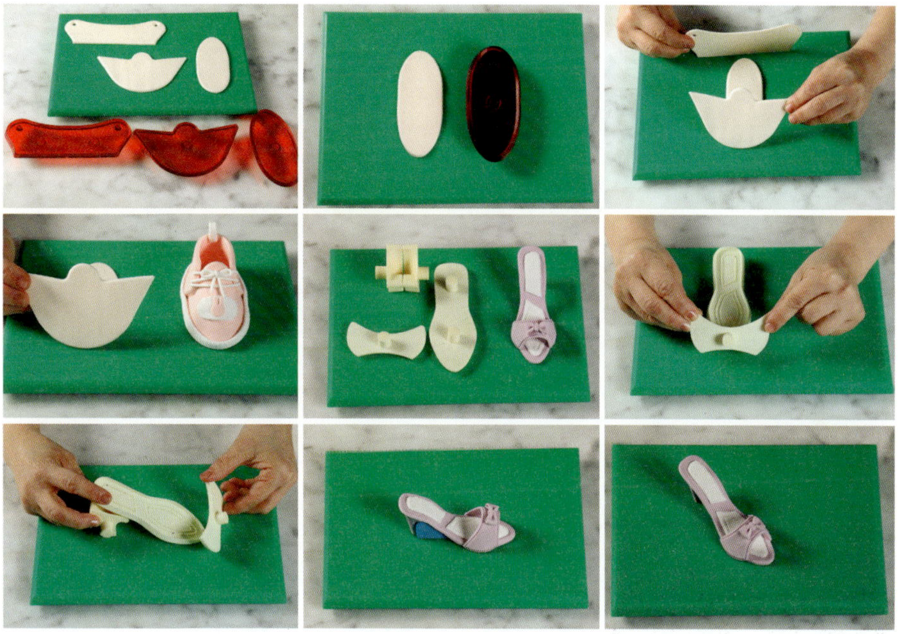

2. 슈가크래프트 기법

1. 와이어드 플라워즈 기법

철사를 고정시켜 꽃잎을 만드는 기법이다.

① 철사에 소량의 반죽을 감아 보드의 홈안에 고정시킨다.

② 반죽을 그 위에 조금 얹는다.

③ 밀대로 밀어편다.

④ 원하는 모양으로 밀어펴거나 찍어낸다.

⑤ 본툴이나 볼툴로 가장자리를 자연스럽게 보이도록 스펀지 패드 위에서 굴려 준다. 예 장미, 모란, 알스트로미리아, 포인세티아, 스카비오사, 신비디움 등

2. 멕시칸 햇 기법

멕시코 모자처럼 만들어서 꽃을 만드는 기법

예 카네이션 꽃받침, 인동초, 튜브 로즈 등

① 반죽을 멕시코 모자처럼 위는 뾰족하고 아래는 넓게 밀어편다.

② 원하는 형태의 커터를 사용하여 찍는다.

③ 본틀이나 볼툴을 사용하여 가장자리를 문지른다.

3. 풀드 플라워즈 기법

반죽을 잘라서 꽃을 만드는 기법

예 프리지아, 자스민, 콤플라워, 수국 등

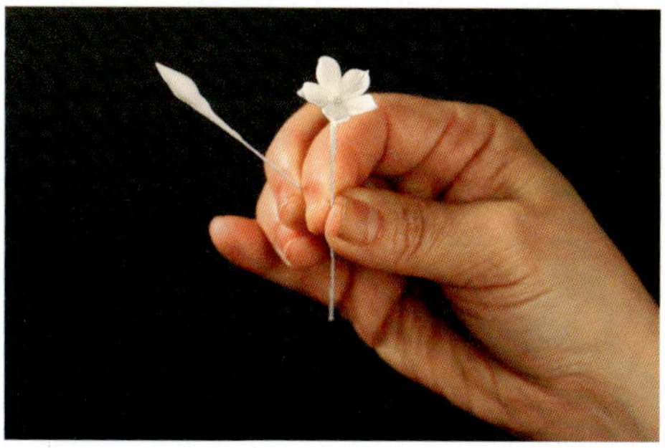

① 반죽을 물방울 모양으로 만들고 가운데에 셀스틱을 이용하여 홈을 낸다.

② 가위를 이용해서 꽃잎의 수대로 자르고 손으로 만져서 다듬는다.

③ 실크 베이닝 툴을 이용하여 꽃잎을 얇게 밀어편다.

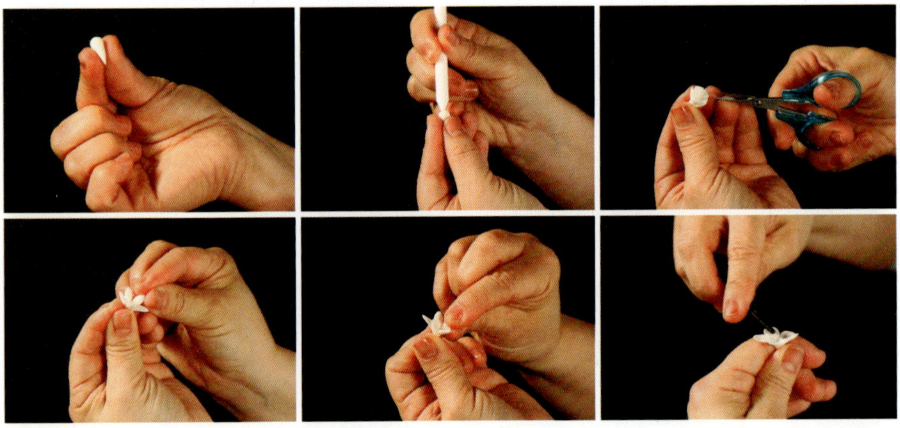

2. 로얄 아이싱 만들기

분당에 달걀흰자 또는 머랭파우더를 넣어 믹싱한 후 농도에 맞추어 다양하게 사용하는 크림이며 마르면 딱딱하게 굳는 것이 특징이다.

만드는 방법

A		B	
재료	분량	재료	분량
분당	500g	분당	500g
머랭파우더	34g	흰자	섞일 정도의 양
뜨거운 물	농도에 따라 가감한다.	레몬즙	약간

A : 분당에 머랭파우더와 뜨거운식용일 땐 정수기 물을 넣고 믹싱한다.

B : 분당에 달걀흰자 적당량을 넣고 저속으로 믹싱 하다가 레몬즙을 넣고 원하는 농도를 맞추어 사용한다.

1. 로얄 아이싱 농도

구분		사용
	강한 농도 : 스패츌러를 반죽에 꼽았을 때 움 직이지 않고 비터를 들었을 때에는 빡빡하게 반죽이 떨어지는 정도의 농도	• 꽃짜기에 적합
	중간 농도 : 스패츌러를 반죽에 꼽았을때 약간 움직이거나 비터에서 강한 농도보다 뾰족함이 자연스러운 모양을 나타내는 농도이다. 뜨거운 물을 약간 더 첨가하면 된다.	• 다양한 짜기기법, 쿠키아이싱 라인을 그을 때, 익스텐션, 라인워 등 로얄아이싱 파이핑에 사용
	묽은 농도 : 스패츌러를 세웠을 때 넘어지거나 비터를 들었을 때 걸죽하게 떨어지는 농도	• 브러쉬 앤 브로이더리 기법에 사용
	주루룩 흐르는 농도 : 스패츌러나 비타에서 주루룩 흐르는 농도	• 아이싱 쿠키에 색칠을 할 때 사용. • 뜨거운 물을 부으며 로얄아이싱이 광택이 나고 약간 부풀었다고 느끼는 정도여야 아이싱 쿠키를 칠했을 때 매끄럽고 색이 예쁘게 표현된다.. • 그리고 흘러내린 반죽의 금이 안보여야 표면이 매끄럽다.

2. 로얄 아이싱 기법

(1) 브러쉬 엠 브로이더리 기법

로얄 아이싱을 짜고 붓으로 당기는 기법이다. 대체로 케이크의 옆면 장식에 많이 쓰인다.

(2) 레이스 웍

로얄 아이싱으로 레이스 모양으로 짜서 말린 후 케이크에 접착시키는 기법

(3) 익스텐션

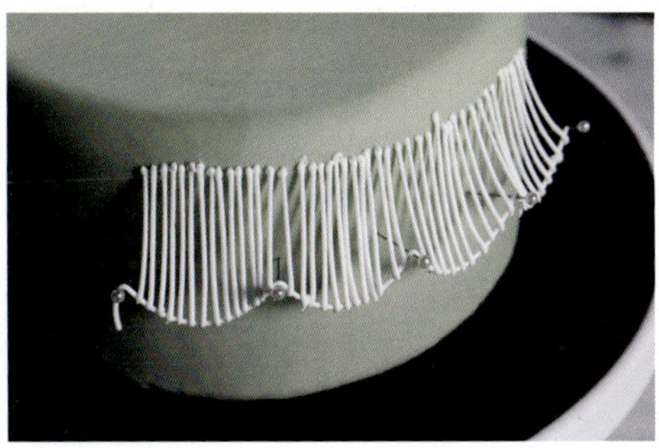

커버링에 쇼트닝이 발린 핀을 꼽고 로얄 아이싱을 끊기지 않게 짠 후 핀을 조심스레 뽑아내어 공중에 짠 것처럼 보이는 기법

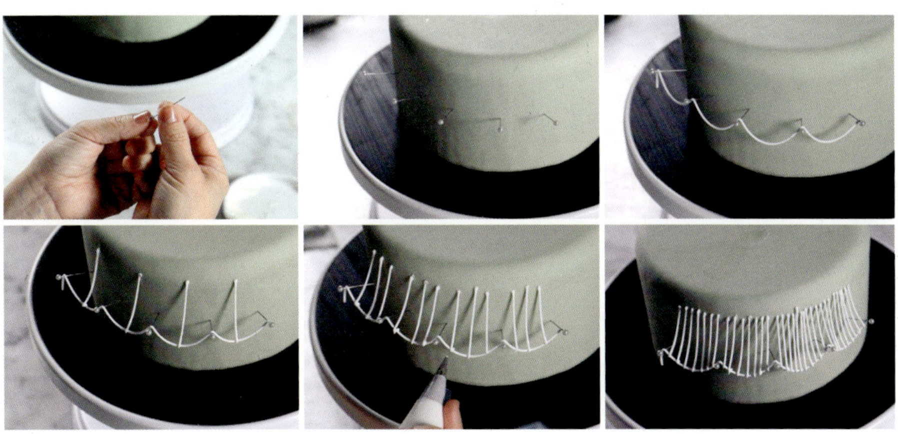

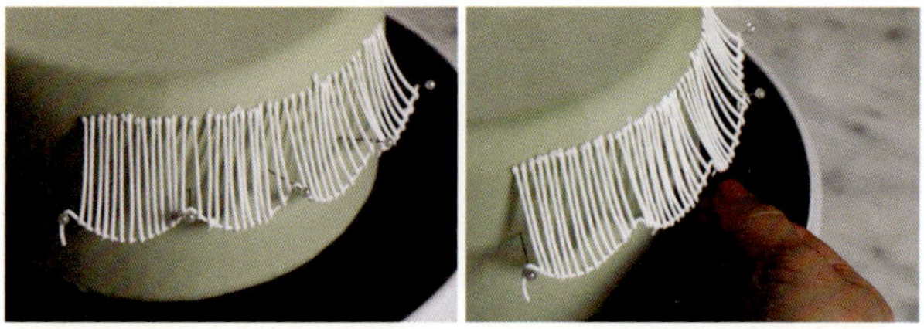

(4) 라인웍

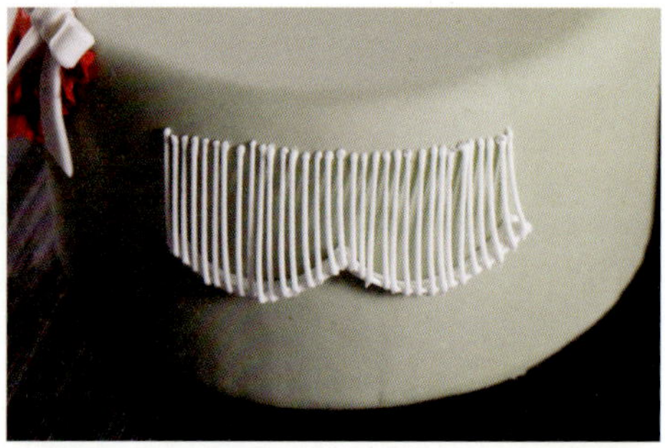

로얄 아이싱으로 선을 5겹 정도 겹처 짠 후 위에서 아래로 당겨서 촘촘히 짜는 방법이다. 단, 서두르지 말고 말려가며 짜야 한다.

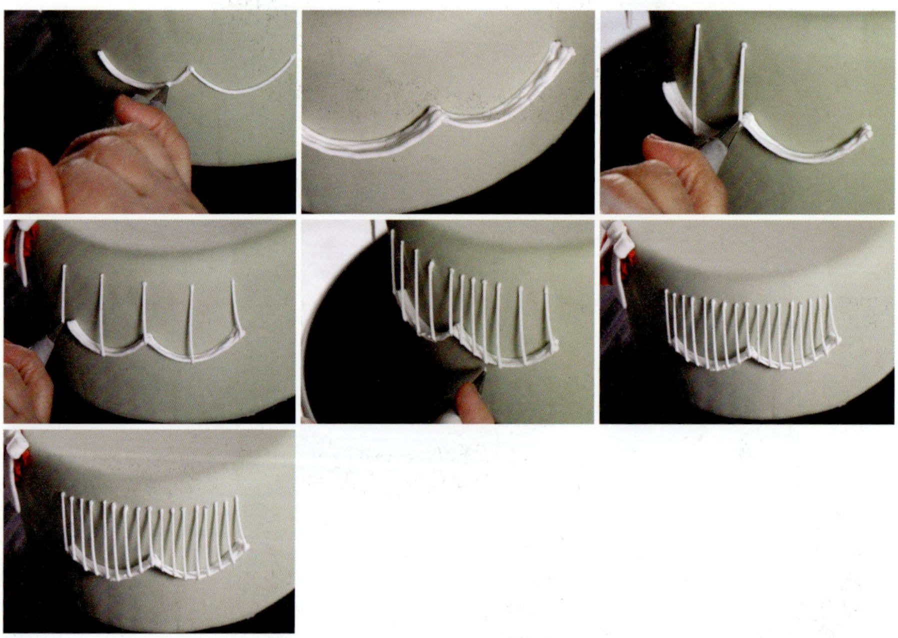

Chapter 3. 색채학

chapter 3

색채학

1. 색채의 개념

색채는 우리 주변에서 보이는 모든 사물을 통해 항상 접하는 가장 가까운 존재이다. 숲이나 바다 같은 자연이나 빌딩이나 다리 같은 인공물들은 모두 색을 가지고 있고 그 색의 지각을 통해 의사 소통과 감정, 각자의 표현 등 색채의 역할은 더해져 가고 있다.

사람들이 보고 경험한 모든 사물들이 사물 자체에서는 빛을 내지 않고 빛에 의해서 반사, 투사, 굴절되어 특정한 사물의 색을 지각하게 된다. 이때 지각이란 사람들의 눈으로 모든 사물을 느끼는 것을 말하며 빛은 인간이 지각할 수 있는 것으로 가시광선이라 한다. 그러므로 색 자체가 빛에 의해 받아들여지는 지각현상이라 할 수 있다.

1. 색의 일반적 분류

색은 보통 무채색achromatic color과 유채색chromatic color으로 구분하고 있다. 무채색은 색채의 개념에서 제외되고 흔히 말하는 색은 유채색의 의미에 더 가깝다.

(1) 무채색achromatic color

무채색이란 색이 구별되는 성질인 색상은 갖지 않고, 밝거나 어두움만을 가지고 있는 색이며 무채색은 명도에만 속하고 채도가 없는 색채이다. 무채색은 온도감이 차갑지도 따뜻하지도 않는 중성색이며, 흰색, 검정색, 회색이 있다.

(2) 유채색chromatic color

유채색이란 무채색을 제외한 모든 색을 유채색이라 한다. 유채색은 명도, 채도, 색상이 속하고 있으며 따스한 색, 찬 색, 중성적 색으로 온도감에 따라서 분류할 수 있다. 빨강, 노랑, 파랑, 초록, 보라 등과 같이 색이 조금이라도 있으면 모두 유채색이다.

2. 색의 3속성

우리가 색을 보고 구별하는 기준에는 세 가지가 있는데 첫 번째는 색의 종류를 말하는 색상Hue, 두 번째는 밝고 어두움을 나타내는 명도Value, 세 번째는 색의 순수한 정도를 나타내는 채도Chrome로 나눌 수 있다.

(1) 색상Hue

지구의 모든 물체들은 빛을 통해서 색상을 나타내는데 색상이란 자신만이 가지는 고유한 성질이다. 색상은 물체의 표면에서 선택적으로 반사되는 색 파장의 종류에 따라서 결정되며 빨강 색, 다홍, 주황, 감귤 색, 노란, 노랑빛 연두, 연두, 풀잎색, 녹색, 초록, 청록색, 바다빛 색, 파랑, 감청, 남색, 남색 품은 보라, 보라, 붉은톤 보라, 자주빛, 연지의 20색 색상환이라고 한다.

색상은 태양광선을 프리즘을 통해서 분광시켰을 때에 나타나는 무지개 형상의 빛을 말하고 빛의 파장에 따라 구분된 색의 영역을 뜻한다. 파장이 짧은 쪽부터 보라, 파랑, 초록, 노랑, 주황, 빨강을 차례대로 배열되어서 무지개색이 된다. 차례대로 배열된 파장 순서대로 나눈 빛의 배열을 빛의 스펙트럼Spectrum이라고 한다. 색상은 순수한 색이 될수록 눈에 빨리 보이므로 지각하기가 쉽고, 여러 가지 색이 혼합된 경우엔 색상이 강하게 드러나지 않으므로 지각하기가 쉽지 않다.

화가인 먼셀은 빨강색R, 노랑Y, 초록G, 파랑B, 보라P 등의 5가지 색 체계를 기본 색상으로 하고 색 체계를 만들었는데 빛의 스펙트럼에서 분명하게 구별되는 빨강, 노랑, 초록, 파랑, 보라 등 5가지 색상이다. 색의 종별이나 색채를 구별하기 위한 기호나 명칭들을 색상이라 하며 여러 가지 유채색을 체계적으로 둥근 원으로 배열한 것을 색상환이라 한다.

그리고 색상환에서 거리가 가까운 색을 유사색이라 하며 색상환에서 거리가 가장 먼 색이며 정반대쪽에 위치한 색상을 보색이라 한다. 보색관계에 있는 색채들은 색상의 차이가 많이 난다. 보색관계인 색상을 혼합하게 되면 검정 또는 무채색이 된다.

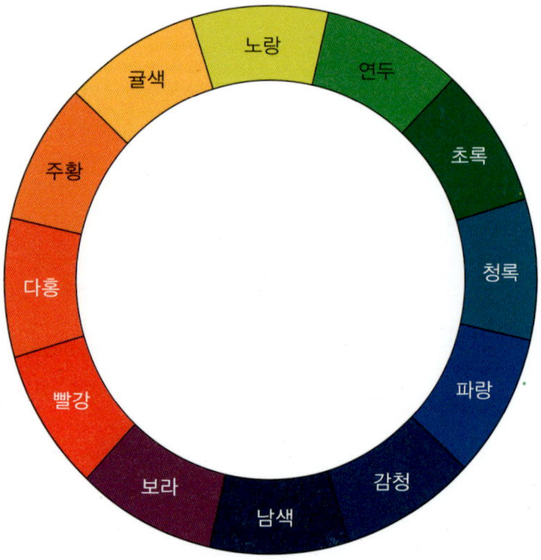

(2) 명도 Value

명도란 물체색이나 광원색의 밝고 어두운 정도를 말하는데 가장 어두운 검정인 0에서부터 흰색인 10까지 11단계로 나뉜다. 무채색과 유채색을 포함하여 모든 색들의 명도를 이것과 비교하여 정하게 되는데, 보통 색은 그 자체만으로 관찰하는 것보다 다른 색과 대조해서 관찰한다. 이렇게 대조해서 관찰하며 나오는 현상을 명도대비라고 한다.

색을 눈으로 보기 위해서는 반드시 빛이 필요한데 빛이 물체에 흡수되거나 반사되는 상태에 따라 색을 인지하게 된다. 물체에 들어오는 빛을 모두 흡수하면 검정색으로 보이게 되고, 반대로 모든 빛을 반사시키면 빛이 합쳐진 흰색으로 보이게 된다. 가장 높은 명도를 갖고 있는 색은 노란색이고, 그 다음으로 높은 명도는 주황색이며, 빨강과 녹색은 비슷한 중간 정도의 명도이다. 무채색의 경우 명도가 가장 높은 것이 흰색, 가장 낮은 것이 검정색이다.

(3) 채도 Chrome

채도란 포화도라고도 말하고, 색의 선명도를 나타내는 것이다. 색마다 가지고 있는 맑고 탁한 정도가 다르며 그 색에서 가장 맑은 색인 채도가 최대 높은 색을 순색이라 한다.

색에 들어 있는 특정한 색파장은 빛이 얼마나 반사되고 흡수되었는가의 정도를 나타내는 것이다. 색상은 채도가 높아질수록 잘 보인다. 같은 색상 중에서도 채도가 가장 높은 색을 순색 Clear Color 이라고 하고, 선명하지 않고 채도가 가장 낮은 색을 탁색 Dull Color 이라 하며 채도는 14단계로 나누어져 있다.

3. 색의 혼합

(1) 가산 혼합 Additive Color Mixture

색이 있는 빛을 비추어 혼합하는 것을 가리켜 가산 혼합이라고 하며 혼합하면 할수록 명도는 높아지고, 채도는 낮아진다. 빛의 합성 원리에 따라 모든 파장의 빛이 균등하게 혼합될 경우 흰색을 띠게 된다. 그래서 빨강과 초록, 파랑이 모두 혼합되면 백색광이 된다. 이 원리를 이용하여 컴퓨터 모니터나 TV, LED조명 등에 사용되고 있다.

(2) 감산 혼합 Subtractive Color Mixture

물감을 섞거나 필터를 겹쳐서 사용하는 경우에 색을 혼합할수록 어두워져 명도가 떨어지는 혼합을 말하며 혼합하면 할수록 명도와 채도는 모두 낮아진다. 가산혼합과 감산혼합 모두 채도가 낮아지는 혼합이다.

(3) 중간 혼합 Additive-averaging Mixing

색을 직접적으로 섞지 않고, 두 가지 이상의 색을 팽이처럼 회전시켜서 색을 혼합하는 것을 말한다. 혼합된 색의 명도는 회전 이전의 두 가지 색의 평균 명도가 되고 중간 색상이 된다.

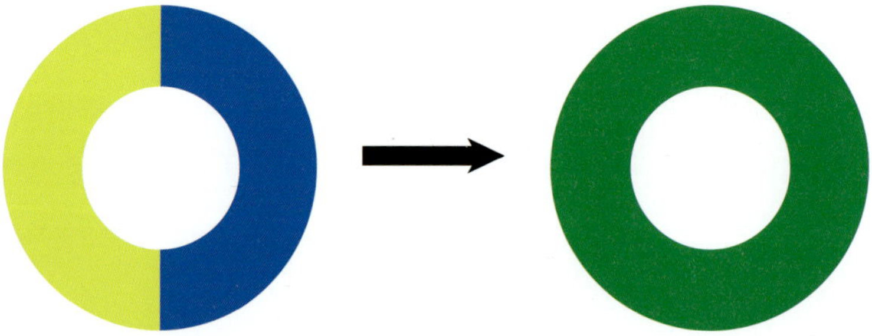

(4) 병치 혼합 Juxtapositional Mixture

다른 두 가지 이상의 색을 화면에 다수의 점과 선 등으로 반복나열하여 혼합하는 것을 말한다. 채도가 낮아지지 않는 특징을 가지고 있어 밝은 화면을 만들 수 있어서 직물의 씨줄과 날줄의 직교 혼합과 신인상주의 화가들의 점묘법, 잡지나 신문에 삽입되어 있는 사진 등에 쓰이고 있다.

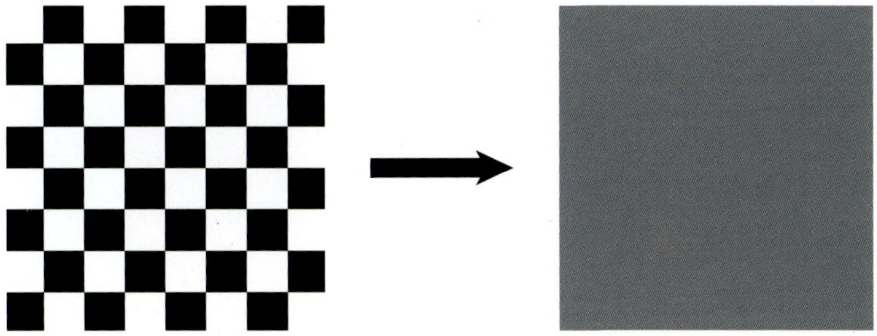

4. 색의 대비

(1) 계속 대비

계시대비 또는 연속대비라고도 하며 시간 차를 두고 두 개 이상의 색을 연속적으로 보았을 때 생기는 일시적인 현상으로 먼저 보았던 색의 잔상이 남아서 다른 색으로 보이게 된다.물감을 섞거나 필터를 겹쳐서 사용하는 경우에 색을 혼합할수록 어두워져 명도가 떨어지는 혼합을 말하며 혼합하면 할수록 명도와 채도는 모두 낮아진다. 가산 혼합과 감산 혼합 모두 채도가 낮아지는 혼합이다.

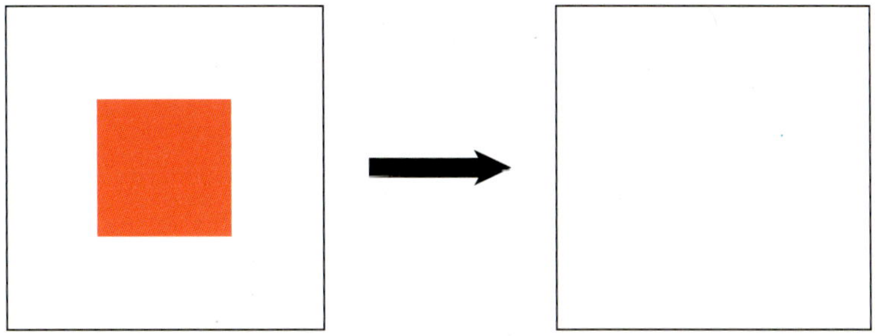

(2) 동시 대비

가까이에 있는 두 가지 이상의 색을 동시에 보았을 때 그들의 색들이 서로 영향을 미치게 되어서 하나의 색을 단독으로 볼 때와 다르게 색이 보이는 현상을 말하며 두 가지 이상의 색의 거리가 가깝거나, 사물의 크기가 작을수록 대비 효과가 크게 나타난다.

(3) 색상 대비

색상이 다른 두 가지의 색을 서로 대비되었을 때 인접한 색의 영향을 받아서 색이 다르게 보이는 현상을 말한다. 3원색과 대비하였을 때 대비가 가장 두드러지며 채도와 명도가 비슷할수록 차이가 크게 보이게 된다.

(4) 보색 대비

색상이 서로 정반대되는 보색관계의 색을 나란히 놓을 때 서로의 미치는 영향으로 각자의 색이 더 강렬하고 선명해져서 뚜렷해 보이는 현상을 말한다. 색상을 강조하게 되어 주목성이 강해서 주제를 살리는 데 효과적이다.

(5) 채도 대비

서로 채도가 다른 두 가지의 색을 대비시켰을 때에 채도가 낮게 보이거나 높게 보이게 되어서 색이 더 선명하거나 탁해 보이는 현상을 말한다. 두 가지의 색의 채도 차이가 클수록 대비 효과도 커지게 된다.

(6) 면적 대비

동일한 색상이 면적의 크기에 따라서 명도와 채도가 다르게 느껴지는 현상을 말한다. 면적이 넓으면 명도와 채도가 높아서 선명해보이며, 면적이 작아 명도와 채도가 상대적으로 낮아 보이게 된다.

(7) 한난 대비

차가운 계통의 한색과 따뜻한 계통의 난색을 대비시켰을 때에 한색은 더욱 차게 느껴지고, 난색은 더욱 따뜻하게 느껴지는 현상을 말하며 순색일 경우에 가장 크게 나타난다.

(8) 명도 대비

명도가 서로 차이 나는 두 가지의 색상을 비교하였을 때, 서로 영향을 주어서 색의 밝기가 다르게 보이는 현상을 말한다. 같은 색이라도 밝은 색 바탕 위에 있는 색이 실제 보이는 색보다 더 어두워 보이고, 어두운 색 바탕 위에 있는 색은 실제 보이는 색보다 더 밝아 보인다.

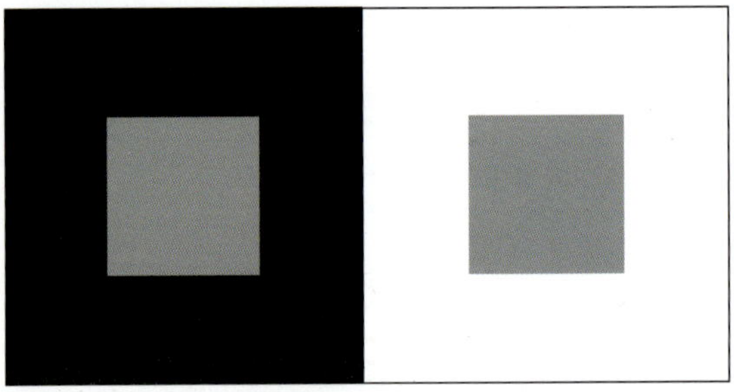

(9) 연변 대비

경계 대비라고도 하며, 색과 색이 만나는 경계면에서 색상, 명도, 채도가 달라 보이는 현상이므로 무채색과 유채색을 명도와 채도 순서로 단계적이며 균일하도록 배열했을 때 두드러지게 나타난다.

무채색인 경우 명도가 높은 곳에 가까운 곳이 상대적으로 어둡게 보이고 명도가 낮은 부분에 가까운 곳이 더욱 밝아 보인다. 따라서 흰색과 회색이 근접할 때 흰색의 경계선인 부분 회색이 상대적으로 더욱 어둡게 보인다.

2. 색채 배색

색채 배색이란 2가지 이상의 색들을 조합시킬 때에 생겨나는 색의 조화와 효과이다. 색채 배색은 색채 디자인, 건축, 인테리어, 다양한 생활용품에서부터 영화나 드라마 포스터, 그래픽 디자인, 공간 연출과 라이프스타일 등 전반에 걸쳐 주변에서 다양하게 활용되고 있다.

배색을 생각할 때는 생각하는 대상에 동반되는 일정한 용도나 면적 등을 고려해야 하는데 모든 부문에서 배색의 구성요소에는 공통된 법칙성이 있다. 이것들은 주로 배색을 면적에 비례하는 경우가 많다.

사람들에게는 일반적으로 색채의 호불호에 대해 얘기할 때 단색으로 한 경우보다 배색으로 한 경우가 더 뚜렷한 성향을 나타낸다. 그만큼 배색은 우리의 생활에서 중요한 원리라고 할 수 있다.

1. 배색의 구성요소

(1) 주조색 Dominant Color

전체에서 표현하고자 하는 주체가 되는 색을 의미하며 배색의 주체가 되는 부분이자 전체에서 주로 65~70%의 큰 면적을 차지하는 색으로, 통일된 인상을 주는 역할을 하며 바탕색이나 배경색으로 자주 사용된다.

(2) 보조색 Sub Color

전체에서 주조색 다음으로 약 25~30%의 큰 면적을 차지하고 출현 빈도가 높은 색으로, 주조색과 강조색을 연결하는 역할을 한다. 이 경우에 동일, 유사, 대비, 보색 등의 관계가 나타난다.

(3) 강조색 Accent Color

전체에서 차지하는 면적이 5~10%의 가장 작지만 여러 가지 배색 중에서 가장 눈에 띄고 강조가 되는 색으로 악센트Accent 색 또는 장식색이라고도 한다.

전체 색조를 마무리하거나 시선을 집중시키는 효과가 있으며 전체에 활기를 주거나 생명력을 준다.

2. 배색 방법

(1) 동일 배색

동일한 색상의 범위에서 채도와 명도를 다르게 하여 배색하는 방법으로, 부드러우면서 세련되고 온화한 느낌을 준다. 일반적으로 친근하게 느껴지는 색의 배색이다. 배색할 때 서로 유사한 색조를 사용하면 정리된 느낌이 들고 서로 다른 색조를 사용하면 강하게 강조하는 효과가 있다. 동일 색상 배색에서는 한 가지 색상만을 사용하므로 비교적 안정되는 느낌이 들고 자연스러운 통일감과 완성감이 나온다.

(2) 유사색 배색

색상환에서 인접한 세 가지 색상이나 세 가지 색상들의 색조와 명암을 이용한 배색하는 방법으로 유사한 색상의 배색에서는 서로 비슷하고 공통된 느낌을 가지고 있기 때문에 적당한 변화가 느껴지는 정적이고 무난하며 조화롭게 느껴지는 배색 방법이며 안정적인 느낌을 얻을 수 있다.

그러나 이웃한 색의 차이가 너무 작을 경우에는 오히려 조화롭지 못한 배색이 되기도 한다. 그럴 때에는 명도 차와 채 도차를 크게 하면 조화롭게 된다.

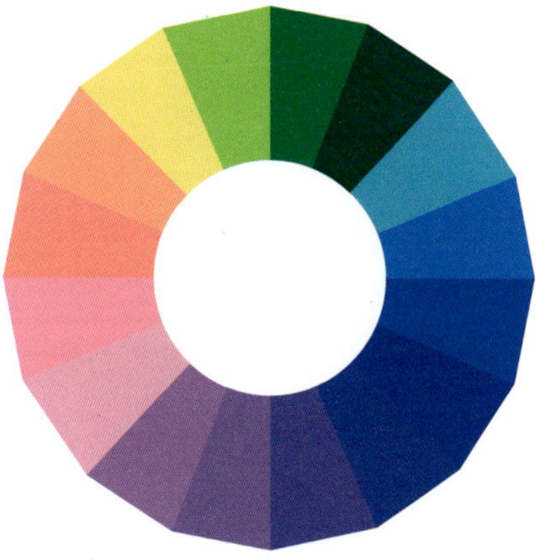

(3) 보색 배색

색상환에서 서로 마주보고 있는 반대색상으로 배색하는 방법으로 색상 자체의 영향 없이 선명하고 강한 대비효과가 나타나고 가장 순수하고 생기를 느낄 수 있게 하는 배색 방법이다. 전체적으로 생동감을 주는 배색이지만 지나치게 되면 혼란스럽거나 복잡해 보일 수 있다.

Tip

- 색상의 수를 가능한 줄여 부조화를 피한다.
- 배색 이미지 스케일을 활용하여 알맞은 배색을 한다.
- 색을 따뜻한색, 차가운색, 밝은색, 어두운색 등의 묶음으로 나누어 사용해서 통일감을 준다.
- 주제와 배경색을 대비하여 서로 돋보이게 한다.
- 통일감을 주기 위해 무채색 등을 공통적으로 사용한다.
- 색의 따뜻한 색, 차가운 색의 온도감, 가볍고 무거운 느낌 등을 활용한다.
- 색의 3속성인 색상, 명도, 채도 차이를 크게 한다.
- 중성색을 배색하므로 중심이 되는 색상을 두드러지게 해야 한다.
- 주위 환경과 거리감 등을 감안하면서 배색 효과를 주도록 한다.

3. 색채와 연상

색은 색상에 따라 독특한 색의 감정과 느낌을 지닌다. 여러 가지 상화에 따라 연상 감정은 다르게 나타난다. 색은 주관적인 성향이 강해서 일반화하기는 힘들지만 대부분의 사람들에게 공통적으로 연상되어 인지되는 색이 있다. 색의 연상 감정은 마케팅에 활용되어 이용되기도 하며 시각적 비주얼에 따른 느낌을 표현할 때 이용하기도 한다.

색의 감정 중 우리가 색상환을 보면서 가장 먼저 떠올리는 것 중 하나는 색의 따뜻함과 차가움이다. 보통 온색 계열의 색을 보면 따뜻하다는 느낌을 많이 받고 한색 계열의 색을 보면 차갑다는 느낌을 많이 받는다.

• 따뜻한 색 온색, 난색

적색, 주황, 다홍, 귤색, 노랑, 태양이나 불을 연상시키며 따뜻한 느낌을 준다.

• 차가운 색 한색, 냉색

바다색, 청록, 파랑, 남색, 감청색은 시원한 여름 바다와 물 등을 연상시켜 차갑고 시원한 느낌을 준다.

• 중성색

노랑+파랑, 빨강+파랑을 혼합한 녹색과 보라색 계통의 색은 따뜻하며 차가운 느낌이 분명하지 않다.

(1) 빨간색

빨간색은 강하고도 격렬하며, 열정적이고 매우 자극적인 색이며 사람들이 아주 선호하는 색 중 하나이고 태양, 불, 사과 등을 연상시키는 색이다.

빨간색은 정열과 반항, 사랑 등을 표현하는 색으로 위험한 느낌과 강요의 이미지를 가지고 있다. 빨간색은 대체로 사람들을 흥분시키며 시선을 끄는 효과가 뛰어난 활동성을 띤다.

(2) 노란색

노란색은 본디 기쁜 색이며, 이해심, 지혜, 통찰력, 생생함과 명랑함 그리고 힘찬 느낌을 가지게 하는 색으로 긍정적인 면으로는 평화, 휴식, 영혼의 완성 등을 나타내며 젊음, 햇볕, 기쁨 등을 나타내는 색이라 볼 수 있다.

또한 부정적인 면으로는 너무 밝아 자주 사용 시 정신적 불안감을 일으킨다. 노랑은 태양빛으로 생명력을 상징하며 그것은 지성이 강화된 활력을 나타낸다.

(3) 주황색

주황색은 활동성과 함께 창조성과 포부감을 자극시키고 자긍심과 보호하는 감정을 불러일으킨다. 주황색은 애정, 식욕, 열정적, 자극, 만족감, 풍요, 유쾌 등을 연상시킨다. 주황은 가장 채도가 높은 노랑과 빨강과 혼합되어 나타난다.

(4) 녹색

봄의 풀잎과 새싹의 색으로부터 숲속의 진한 초록색에 이르기까지 녹색은 자연을 상징하는 색이다. 초록은 매우 자연스러운 색으로 음식에서는 신선함을 주고 배려, 치유, 평화와 시원함을 나타내며 고통을 감소시키는데 유용한 색깔이며 또한 부정적 의미로는 이기심과 질투, 느슨함을 대표하는 색상으로 중후하고 둔탁한 느낌의 녹색은 사람을 가라앉게 할 수 있다. 봄을 대표하는 녹색은 생명의 탄생, 젊은 세대, 기쁨 등을 대표한다.

(5) 파란색

파란색은 물, 하늘, 바다 등을 연상시키는 차가운 색으로 신성하고 진실되며 조화롭고 진정과 희망의 느낌이 나타난다.

정열을 완화시키고 잠재우는 특징을 갖고 있다. 하지만 과다한 파란색의 표출은 건강한 사람도 괜히 우울한 감정을 가지게 만든다. 파란색과 연두색은 창조성을 이끌어내는데 도움을 줄 수 있다.

(6) 보라색

보라색은 선한 동기, 정신적 갈망, 영혼의 정진을 표현하며 번영과 부, 증폭된 생산력과 연관되어진 색이다. 부정적인 측면으로는 속물 근성, 허세, 속임 등이 있다. 서로 상반된 느낌을 지닌 파랑과 빨강의 혼합으로 탄생된 보라색은 고귀하고 화려하면서도 어두운 색으로 여겨진다. 보라색은 신비하고 새로운 느낌을 가지고 있다.

(7) 흰색

흰색은 완벽과 순결의 색으로 모든 색과 혼합되는 특징이 있어 조화를 상징하는 역할을 한다. 흰색은 청결, 순결, 순수, 소박, 시작을 연상시키는데 그 자체는 특성이 없어서 공허하고 영원하며 숭고한 이미지를 가지고 있다.

(8) 검은색

검은색은 죽음과 밤, 어둠 등의 부정적 느낌을 연상시키는 색이다. 검정색은 불안과 공포, 은밀함과 폐쇄된 느낌을 준다.

그러나 최근 검정색이 모던과 도시적 이미지를 갖고 있어서 주로 젊은 세대의 선호, 관심, 사랑 등을 받고 있다. 검정은 기능성, 대담성, 견고함 그리고 통일성을 표현한다.

3. 색채에 대한 경험적 이야기

세상에는 수많은 색과 함께한다. 그러나 우리는 잘 적응하고 불편해 하지 않으며 살아가고 있다.

케이크 제작 시 색채 선택은 항상 고민거리였다. 그러나 어느 날 자연에서 팁을 얻었다. 우리가 사는 이 자연에 해답이 있었다.

그것은 하늘에 하늘색이 있고 세상의 수많은 색을 받쳐주는 땅의 브라운색이 존재한다.

그렇다. 우리가 케이크에 여러 종류의 색을 쓸 때는 브라운색으로 조화를 이루게 하는 방법이 있다. 여러 색을 사용하였을 때 밑장식이나 아이싱을 브라운으로 선택하면 안정감을 가질 수 있다. 그리고 파스텔톤은 여러색이 섞여 있어도 어울리는 칼라이다. 그것은 그들만의 공통분모라는 흰색을 품고 있기 때문이다.

또한 여러 색을 한꺼번에 사용할 때 자연스러운 조화를 만들기 위해서 그 원색마다 약간의 브라운 칼라를 첨가하여 톤을 다운시키는 것만으로도 통일감을 주어 조화롭게 할 수 있다.

그리고 원색으로 보색을 사용할 때에는 서로 상반되는 색깔 간의 비율을 2:8 정도 또는 3:7로 한쪽의 비중을 확 싣고 사용하면 보색관계로 인한 이질감을 떨어뜨릴 수 있다. 이런 방법은 메시지를 쓸 때나 포인트를 두고자 할 때 사용하기 적합하다.

그리고 색을 선택할 때는 원형 색상도 표에서 좌우 3개씩은 서로 어울리는 색으로 사용하기 적합하다. 이렇듯 색 사용시에는 요령과 경험치가 중요하다. 여러분들도 이러한 기준을 가지고 색을 선택하신다면 실패율을 줄일 수 있을 것이다.

더 나아가 판매를 하거나 교육을 할 때에도 색상 사용요령은 중요하다. 만들었을 때 기술이 뛰어난 것 같지 않으나 전체적으로 조화롭고 예쁘게 보이도록 만드는 사람은 판매에 강하다고 해도 과언이 아니다.

고객의 눈에 들어오게 잘 만든다는 의미이기도 하기 때문이다. 그러나 하나하나 떼어냈을 때 스킬이 완벽하고 깔끔하게 하는 분이라면 가르치는 직업에 더 적합하다고 설명할 수 있겠다.

아무리 스킬이 뛰어난 사람이라도 색상 사용이 잘못된 작품이라면 보는 이의 입장에서 '잘한 것 같은데 뭔가 어색하다'. 라는 생각을 갖게 된다. 이렇듯 색의 사용은 너무나 중요하고 비중이 큰 부분이라고 말할 수 있다.

여러분들도 이런 경우를 대비해서라도 색상 사용법을 알아둔다면 큰 낭패를 보는 일은 없을 것이다.

Chapter 4. 식품위생학

chapter 4

식품위생학

식품위생

식품위생법 제2조 제8항에 따르면 '식품위생이라 함은 식품, 첨가물, 기구 또는 용기 · 포장을 대상으로 하는 음식에 관한 위생을 말한다'고 규정되어 있다. 따라서 식품위생의 행정적인 목적은 이와같이 식품위생법에 기본적으로 하여 사람들이 섭취할 수 있는 모든 음식과 연관된 식기, 도구에 의해 발생할 수 있는 여러 형태의 건강상 위해를 예방하여 건강을 유지하여 식생활을 안전하고 위생적으로 하기 위함이다.

식품위생 행정의 실천방안

① 식품의 부패, 변패, 유해물질의 함유를 방지한다.

② 미생물에 의한 식품의 오염을 방지한다.

③ 위생상 필요한 식품의 품질과 성분 규격을 정하고 표시한다.

④ 식품취급시설의 위생 및 취급자의 위생문제 · 교육을 감시한다.

유해식품의 생성 요인

〈자연적인 요인〉

- **식품 자체내의 유독성 물질** : 식물성 자연독, 동물성 자연독
- **생물에 의한 오염물** : 병원 미생물, 기생충과 기타 생물들

〈인위적 요인〉

- **제조와 가공 중에 첨가 되거나 또는 생성되어지는 물질** : 유해한 첨가물, 포장용출물질
- **환경적 오염** : 수질, 토양, 대기의 오염

1. 식품의 부패와 미생물

① **부패** : 단백질의 식품이 미생물 또는 특히 혐기성 세균에 분해되는 현상으로 무익하거나 유해하게 되어지는 경우이다. 반면 유익하게 되는 상태는 발효라 한다.

② **변패** : 단백질 외의 성분을 가지는 식품이 변질되어지는 현상이다.

③ **산패** : 유지나 유지식품군이 보존과 조리·가공하는 중에 변화하여 불쾌한 냄새와 맛, 색, 그리고 점성의 증가 등의 변화로 품질이 떨어지는 현상이다.

④ **식품의 부패과정** : 단백질protein → 펩톤peptone → 폴리펩티드polypeptide → 아미노산 amino acid → 황화수소H_2S 가스, 암모니아NH_3 가스, 아민amine, 메탄methane 생성

⑤ **부패에 영향을 주는 요소** : 수분, 온도의 함량, 습도와 산소 그리고 열

⑥ **부패 방지법** : 크게 물리적 방법과 화학적 방법 두 가지로 나눌 수 있다.

1. 물리적 방법

(1) 냉장 · 냉동법

미생물은 수분, 온도, 영양 이라는 발효조건 중에서 온도를 떨어뜨림으로써 발육을 억제하는 방법이다. 미생물은 보통 10℃ 이하에서 번식이 억제되고, −5℃ 이하에서 번식이 가능하지 않다. 이러한 원리에 따라 보존하는 방법은 냉동, 냉장, 움저장이 있다.

① **냉장법** : 0~10℃ 평균 5℃ 저온에서 한정된 기간 동안 신선한 상태로 식품을 보존하는 방법이다. 채소와 과일류가 냉장법에 해당된다.

② **냉동법** : 0℃ 이하에서 동결로 식품을 보존하는 법. 육류, 어류 등이 냉동법에 해당된다. 특히 −20℃ 이하에서는 긴기간 어패류를 저장할 수 있다.

③ **움저장법** : 10℃ 전후의 온도에서 움 속에 저장하는 법이다. 뿌리채소인 감자와 고구마 등의 채소 등 과일류가 이곳에 해당한다.

(2) 건조법

통상적으로 세균은 수분 함량이 15% 이하에서는 번식하지 못하므로 이러한 원리를 이용해 식품을 보존 하는 방법이 건조법이다.

① **열풍건조법** : 가열된 공기를 식품 표면에 낸보내서 수분을 증발시키는 방법이다. 일광건조법에 비해 시간이 짧고 품질의 변화됨이 적으나 경비면에 부담이 많이 든다. 육류와 난류가 이곳에 해당한다.

② **일광건조법** : 대체로 농산물과 해산물 건조 시에 많이 사용되는 방법이다. 품질이 떨어다는 점과 넓은 면적이 필요한 단점이다. 어패류, 김과 오징어 등이 해당한다

③ **고온건조법** : 90℃ 이상의 온도인 고온으로 건조하고 보존하는 방법이다. 산화와 퇴색된다는 것이 단점이다.

④ **배건법** : 직접 불로 가열하여 건조시키는 방법이다. 보리차, 옥수수차가 여기에 해당된다.

⑤ **동결건조법** : 냉동하여 진공상태로 만든 후 건조시키는 방법으로 한천, 당면과 같은 것이 여기에 속한다.

⑥ **직화건조법** : 액체의 상태인 식품들을 건조실 안으로 안개와 같이 분무하면서 건조시켜내는 방법이다. 분유, 머랭파우더가 여기에 속한다.

⑦ **감압건조법** : 감압저온으로 건조하는 법으로 건조채소류가 여기에 해당한다.

(3) 가열 살균법

① **저온살균법** : 61~65℃에서 30분동안 가열한 후 급랭시켜내는 방법이다. 우유, 술, 과즙, 소스 등의 액체 식품들을 살균시킬 때 이용되는 방법이다.

② **고온살균법** : 95~120℃ 정도로 30분~1시간 가량 가열하고 살균하는 방법이다. 통조림 살균법이 주로 이것으로 이용된다.

③ **초고온 순간살균법** : 130~140℃ 2초간 가열한 후 급랭하는 방법이다. 우유, 과즙 등에 이용된다.

④ **초음파 가열살균법** : 초음파로 짧은 시간 처치하는 방법이다. 식품의 질과 영양가가 유지되는 방법이다.

(4) 자외선 및 방사선 살균법

음료수 살균시 적합한 자외선 살균법과 청과물, 곡류, 축산 등에 이용되어지는 방사선 살균법이 있다. 식품 품질에 영향을 주지 않는다는 이로운 점이 있으나 식품 내부까지 침투하여 살균할 수 없다는 단점이 있다. 이 두 가지를 합하여 조사살균법이라고 하기도 한다.

2. 화학적 방법

① **염장법** : 소금에 식품을 절이는 삼투압을 이용하고 탈수 건조시키어 저장하는 방법이다. 해산물, 채소, 육류 등의 저장에 이용되며 소금은 농도 10% 이상이어야 한다.

② **당장법** : 식품을 50% 이상 설탕액에 담궈 삼투압을 이용한다. 부패세균이 생육 등을 억제하는 저장방법이다. 젤리, 과일류, 잼, 가당연유의 보존방법으로 적절하다.

③ **초절임법** : 산저장법이라고도 하며 식품을 식초산아세트산이나 구연산, 젖산을 이용하여 저장하는 방법. 유기산과 무기산 비교 시 유기산이 무기산보다 미생물의 번식 억제 효과가 크다. 통상적으로 3~4%의 식초산을 함유한 식초가 사용된다.

④ **훈연법** : 햄, 소시지와 같은 육질의 식품에 활엽수를 연소시켜서 나는 연기와 페놀, 알데히드 등의 살균물질을 침투하게 하여 저장하는 방법이다.

⑤ **가스저장법** : 식품을 질소가스나 탄산가스 속에 넣어서 보관하는 방법으로 호흡작용을 억제시켜 호기성 부패세균 번식을 억제한다. 과일과 채소에 이용된다.

⑥ **방부제 첨가** : 식품에 있는 미생물의 증식을 저해시키기 위해 약제를 넣는 방법으로 현재 지정된 방부제 품목은 14종이다.

미생물

대부분 단세포 또는 균사로 이루어진 육안으로 식별이 불가능할 정도의 작은 생물을 가리킨다. 경우에 따라 식품의 제조, 가공에 이용되기도 하지만, 식품의 변질, 부패, 식중독, 감염병의 원인이 되기도 한다.

2. 식품위생

1. 세균류Bacteria

① **바실루스***bacillus***속** : 그람 양성의 호기성 간균. 아포를 형성하며 열 저항력이 강하다. 탄수화물과 단백질의 분해작용을 가지는 부패성 세균으로 토양 등 자연계에 넓게 분포한다. 빵의 점조성의 원인인 로프균이 이곳에 속한다.

② **슈도모나스***pseudomonas***속** : 담수, 무아포, 그람음성, 호기성 간균, 해양, 토양 등에 넓게 분포한다. 단백질과 유지를 분해하며 대부분 비병원으로서 저온에서도 증식이 가능하다. 열에 약하나, 방부제, 항생 물질에 강력한 저항력이 있다.

③ **비브리오***vibrio***속** : 그람 음성의 무아포, 콜레라균, 혐기성 간균. 장염 비브리오균 등이 여기에 속한다.

④ **미크로코커스***micrococcus***속** : 물, 토양, 그람 양성의 무아포, 호기성 구균 등 자연계에 넓게 분포한다. 단백질 분해능력이 강하고 비수용성 색소를 생성한다.

⑤ **세라티아***serratia***속** : 붉은 색소를 만드는 그람 음성의 무아포균. 장내 세균과류에 속하고 단백질 분해력이 강하다.

⑥ **프로테우스***proteus***속** : 장내 세균과이며 그람 음성의 호기성 간균. 요소 분해와 단백질 분해력이 강하다. 물, 식품 토양 등에 넓게 분포한다.

⑦ **에세리키아***escherichia***속** : 그람 음성 간균으로, 장내 세균과에 속해진다.

⑧ **락토바실루스***lactobacillus***속** : 그람 양성 간균. 당류를 발효시켜서 젖산을 만드므로 젖산균이라고도 불린다. 치즈와 젖산 음료의 발효균 등으로 이용된다.

⑨ **클로스트리디움***clostridium***속** : 그람 양성 간균. 내열성 아포를 가지는 혐기성균이다. 토양, 하수 등에 존재하고 부패와 활성이 아주 높다. 육류 및 육류가공품, 어패류와 통조림 등을 오염시킨다.

2. 진균류True fungi

① 곰팡이Mold : 사상으로 이루어져 있으며 진균독증을 일으키기도 한다. 식품 제조와 변질에 관여한다.

- 누룩곰팡이*asperggillus*속 : 양주, 탁주, 된장, 간장의 제조에 이용된다.
- 푸른곰팡이*penicillium*속 : 야채, 과실, 치즈, 버터, 통조림 등의 변패를 발생시킨다. 식품에서 자주 발견되는 불완전균류이다.
- 솜털곰팡이*mucor*속 : 전분의 당화와 치즈의 숙성 등에 이용되어지나, 과실 등의 변패를 일으킨다.
- 거미줄곰팡이*rhizopus*속 : 과일, 채소, 빵의 변패에 관여한다. 빵 곰팡이도 이곳에 속한다.

② 효모yeast : 진균류 중 담자균류, 자낭균류, 불완전균류에 속해지는 미생물이다. 형태는 구형, 타원형, 난형 등이며, 포자가 형성되는 것과 형성되지 않는 것이 있다. 술과 빵 등 식품 제조와 변질에 관여된다. 병원성을 가지는 것은 드물다.

③ 리케차rickettsia : 세균과 바이러스 사이에 속하는 미생물. 구형, 간형 등의 형태다. 증식은 2분법으로 증식하고 운동성이 없으며 살아있는 세포에서만 증식한다. 발진티푸스, 발진열 등의 병원체이지만 식품과는 별 관계가 없다.

④ 스피로헤타spirochaeta : 나선형의 간의균으로 운동성이 있다. 식품과는 관계성이 없으나 재귀열, 매독균, 서교증, 와일씨병의 병원체이다.

⑤ 바이러스virus : 초미생물군에 속하고 병원체로는 천연두, 인플루엔자, 일본뇌염, 광견병, 소아마비 등이다. 구형, 간형, 올챙이형 등 여러 가지 형태가 있다.

⑥ 조류algae : 인체에 대한 병원성은 없으며, 단세포 또는 다세포이다. 형태는 군체를 이루어 사상으로 된 것이 가장 많다.

⑦ 원생동물protazoa : 단세포로 이루어진 하등동물. 세포기관이 발달되어 있고 병원성인 것도 있다.

3. 미생물 발육 조건

① **영양소** : 탄소원 탄산가스, 유당 등, 질소원 질산염, 아미노산 등, 무기염류 인, 유황 등, 생육소 비타민 등 등의 영양소가 충분히 공급되어야 한다.

② **수분** : 몸체를 구성하고 생리기능을 조절한다. 건조상태에서 생명유지는 가능하나, 발육, 번식이 불가능하다. 미생물에 따라 다르나 보통 40% 이상의 수분이 필요하다.

③ **온도** : 미생물 종류에 따라서 발육과 번식 가능한 온도가 상이하다. 일반적으로 0℃ 이하와 80℃ 이상에서는 번식하지 못한다. 고온보다는 저온에서 저항력이 강하나, 아포는 열에 강하다.

- 저온균 : 0~25℃ 최적의 온도 10~20℃
- 중온균 : 15~55℃ 최적의 온도 25~37℃
- 고온균 : 40~70℃ 최적의 온도 50~60℃

④ **최적 pH**

- 약산성 : pH 4.0~6.0 곰팡이, 효모
- 중성·약알칼리성 : pH 6.5~7.5 세균

⑤ **산소**

- 호기성 세균 : 산소 공급이 있어야 증식 가능
- 혐기성 세균 : 산소가 없어도 증식 가능

4. 소독과 살균

소독

물리 또는 화학적인 방법으로 병원균만을 사멸시키는 일을 말한다. 즉 이 말은 병원균을 대상으로 병원 미생물을 죽이거나 병원 미생물의 병원성을 저하시켜 감염을 약화하되, 비병원성 미생물은 남아 있어도 무방하다는 뜻이다.

소독제로 쓰일 약품은 다음과 같다.

① 살균력이 있어야 한다.

② 부식성과 표백성이 없어야 한다.

③ 잘 녹고 사용법이 간단하고, 안전해야 한다.

④ 경제적이어야 한다.

살균

미생물에 물리 · 화학적 자극을 주어 이를 단시간내에 사멸시키는 일을 말한다. 특히 완전한 무균상태가 되도록 하는 일을 의미한다.

방부

미생물의 번식으로 인한 식품의 부패를 방지하는 방법으로서 미생물의 증식을 정지시키는 일을 의미한다.

1. 소독 · 살균법

(1) 물리적 방법

① **자외선 살균법** : 일광 또는 자외선 살균 등으로 살균하는 방법

② **방사선 살균법** : 식품에 코발트 60 등의 방사선을 쬐여 균을 사멸시는 방법

③ **세균 여과법** : 미생물이 지나갈 수 없는 여과기에 음료수와 액체식품 등을 관통시켜 균을 없애는 방법. 바이러스는 걸러지지 않는다는 것이 단점.

④ **소각 멸균법** : 불에 타고 다시 사용하지 아니하는 물건을 대상으로 물건과 이에 오염되어진 미생물을 함께 소각, 사멸하는 방법

⑤ **화염 멸균법** : 도자기와 같이 불에 타지 않는 물체를 알코올램프나 분젠버너의 불에 20초 이상 넣어서 미생물을 죽이는 방법

⑥ **건열 멸균법** : 건열멸균기드라이 오븐에 넣어 150~160℃에서 30~60분간 가열하는 방법. 유리 기구와 같은 것의 소독에 이용된다.

⑦ **유통 증기 멸균법** : 100℃에 유통하는 증기 중에 15~20분간 가열하는 방법. 기구 소독 등에 쓰인다.

⑧ **간헐 멸균법** : 100℃에 유통하는 증기 중에 15~20분간 가열하는 조작적 행동을 24시간마다 3회 연속적으로 반복하는 방법

⑨ **고압 증기 멸균법** : 고압증기멸균솥오토클레이브을 활용하여 121℃에서 15~20분 동안 살균하는 방법. 멸균 효과가 뛰어나 미생물뿐만 아니라 아포마저 사멸시킬 수 있으며 통조림 등의 살균 시에 이용된다.

⑩ **열탕 소독법**자비멸균법 : 끓는 물100℃에 담구어 10~30분간 가열시키는 방법. 식기, 금속, 행주 등에 이용한다.

(2) 화학적 방법

① **염소**Cl_2 : 상수원수돗물 소독에 이용한다. 잔류 염소량은 0.1~0.2ppm이어야 한다. 자극성과 금속 부식성이 있다.

② **치아염소산 나트륨**NacTO : 음료수와 기구, 설비 등에 50~100ppm 용액을 5~10분 동안 처리한다.

③ **표백분** : 50~200ppm 용액을 식품, 기구손, 음료수 등의 소독시에 이용한다. 소독과 냄새방지, 표백의 작용이 있다.

④ **석탄산**페놀**용액** : 3~5% 수용액을 기구, 손, 의류, 오물 등의 소독에 사용한다. 염산이나 식염을 첨가하면 효과가 올라간다.

⑤ **역성비누** : 원액을 200~400배로 희석하여 묽게 한 후 손, 식품, 기구 등에 사용한다. 무독성이고 살균력이 강력하나, 비누와 섞어 쓰거나 유기물단백질이 있으면 효과가 감소한다.

⑥ **과산화수소** : 3% 수용성액을 피부와 상처 소독시에 사용한다.

⑦ **알코올** : 70% 수용성액을 금속과 유리 기구 또는 손 소독을 할 때 사용한다. 살균력이 아주 강력하다.

⑧ **에칠렌옥사이드**기체 : 공기의 1L당 450mg의 가스를 식품 포장 안에 훈증한다.

⑨ **0.1% 승홍수** : 비금속의 기구 소독 시에 이용한다.

⑩ **크레졸 비누액** : 50%의 비누액에 1~3% 수용액을 섞어서 오물의 소독, 손 소독 시 사용한다. 피부 자극은 대체로 약하나 소독력은 석탄산보다 강력하며 냄새도 독하다.

⑪ **생석회** : 오물 소독시에 가장 먼저 사용하는 방법이다.

⑫ **포르말린** : 30~40% 수용액을 오물된 소독 등에 사용한다.

5. 기생충병(parasitemia)

기생충이 인체와 동물에 기생하여 일어나는 질병을 일컫는다. 대부분의 기생충병은 주로 음식물에 의해 입을 통하여 감염된다.

1. 채소류를 통해 감염되는 기생충

① **회충** : 선충류 회충과에 속하는 인체 기생충. 채소를 통해 경구 감염된다. 주로 인분을 비료로 사용하던 우리나라 농촌지역에서 감염률이 높고 분변의 회충 수정란에 의해서 전염된다. 회충란은 65℃, 10분 이상의 환경에서 사멸하지만, 저온, 건조, 약물에 대한 저항력이 강해 소독제로는 쉽게 죽지 않는다. 가장 효과적인 방법은 일광소독이다. 변소의 개량, 인분의 위생적 처리, 야채의 세척, 손의 청결 등으로 예방할 수 있다.

② **십이지장충**구충 : 회충란의 길이는 약 1cm. 식품이나 음료수를 통해 경구 감염되거나 손, 발을 통해 경피 감염된다. 채녹벌레라고도 한다. 저항력이 회충란에 비해 약한 편이다.

③ **요충** : 길이 5~10mm 가량의 백색 선충. 산란 장소는 주로 숙주의 항문 주위로 손가락, 침구 등을 통해 감염되기 쉽다. 따라서 손, 항문 주위를 청결히 하고, 속옷과 침구를 소독한다.

④ **편충** : 길이 40mm 가량의 선충. 우리나라를 비롯하여 열대와 아열대 지방에서 특히 감염률이 높다.

2. 어패류를 통해 감염되는 기생충

구분	간디스토마	폐디스토마	광절열두조충	유극악구충
제1 중간숙주	왜우렁이	다슬기	물벼룩	물벼룩
제2 중간숙주	담수어	민물게, 가재	송어, 농어, 연어	가물치, 미꾸라지

3. 육류를 통해 감염되는 기생충

① **민촌충**무구조충 : 낭충을 갖는 소중간숙주의 고기를 날것으로 섭취하거나 덜 익혀 먹었을 때 감염되기 쉽다. 따라서 충분히 가열 조리71℃에서 5분이면 사멸해 먹도록 한다.

② **갈고리촌충**유구조충 : 덜 익힌 돼지중간숙주 고기를 섭취했을 때 감염되기 쉽다. 돼지고기 날것으로부터 감염되는 기생충에는 이외에도 선모충이 있다.

6. 감염병(communicable diseases)

병의 근본 원인이 되는 독이 감염되는 병을 말한다. 감염병은 물과 공기 오염, 모기 등과 같은 환경으로 인한 소수의 병원체로도 손쉽게 감염되어져 많은 사람들에게 퍼져서 옮게 된다.

① 법정감염병

- 제1급감염병17종 : 에볼라바이러스병, 마버그열, 라싸열, 크리미안콩고출혈열, 남아메리카출혈열, 리프트밸리열, 두창, 페스트, 탄저, 보툴리눔독소증, 야토병, 신종감염병증후군, 중증급성호흡기증후군SARS, 중동호흡기증후군MERS, 동물인플루엔자 인체감염증, 신종인플루엔자, 디프테리아
- 제2급감염병 21종 : 결핵, 수두, 홍역, 콜레라, 장티푸스, 파라티푸스, 세균성이질, 장출혈성대장균감염증, A형간염, 백일해, 유행성이하선염, 풍진, 폴리오, 수막구균 감염증, b형헤모필루스인플루엔자, 폐렴구균 감염증, 한센병, 성홍열, 반코마이신내성황색포도알균VRSA 감염증, 카바페넴내성장내세균목CRE 감염증, E형간염

• 제3급감염병28종 : 파상풍, B형간염, 일본뇌염, C형간염, 말라리아, 레지오넬라증, 비브리오패혈증, 발진티푸스, 발진열, 쯔쯔가무시증, 렙토스피라증, 브루셀라증, 공수병, 신증후군출혈열, 후천성면역결핍증AIDS, 크로이츠펠트-야콥병CJD 및 변종크로이츠펠트-야콥병vCJD, 황열, 뎅기열, 큐열Q熱, 웨스트나일열, 라임병, 진드기매개뇌염, 유비저, 치쿤구니야열, 중증열성혈소판감소증후군SFTS, 지카바이러스 감염증, 매독

• 제4급감염병22종 : 인플루엔자, 회충증, 편충증, 요충증, 간흡충증, 폐흡충증, 장흡충증, 수족구병, 임질, 클라미디아감염증, 연성하감, 성기단순포진, 첨규콘딜롬, 반코마이신내성장알균VRE 감염증, 메티실린내성황색포도알균MRSA 감염증, 다제내성녹농균MRPA 감염증, 다제내성아시네토박터바우마니균MRAB 감염증, 장관감염증, 급성호흡기감염증, 해외유입기생충감염증, 엔테로바이러스감염증, 사람유두종바이러스 감염증

② 인·수 공통 감염병

같은 병원체에 의하여 사람과 가축에게 같이 발생되는 질병을 가리킨다.

감염병	가축
• 야토병	• 산토끼
• 탄 저	• 포유동물(소, 말, 돼지, 양)
• 결 핵	• 소, 양
• 돈단독	• 돼지, 소, 말, 양, 닭
• 리스테리아증	• 소, 말, 양, 염소, 돼지, 오리, 닭
• 파상열(브루셀라증)	• 소, 돼지, 개, 닭, 산양, 말
• 큐열	• 쥐, 소, 양, 염소

③ 경구감염병

오염된 식품과 손, 물, 곤충, 식기류 등에 의해서 세균이 입을 통해 경구감염 체내로 들어오게 되는 소화기계 감염병이다. 이 경구감염병은 적은 수의 균으로도 감염이 잘 되고 2차 감염 역시 잘 되는 경우가 많다는 특징에서 세균성 식중독과 구별시 된다. 성홍열, 디프테리아, 이질, 콜레라, 장티푸스, 파라티푸스 등이 여기에 속한다.

7. 식중독

음식물 섭취로 인한 급성 또는 만성적 질병을 일컫는다. 발병 원인 물질에 따라서 세균성 식중독, 자연독 식중독, 화학적 물질에 의한 식중독 등으로 나눈다. 식중독은 통상적으로 자연적 유독물, 유해적 화학물질 또는 세균이 음식에 첨가되고 오염되어진 것을 섭취하였을 때 발생되는 건강성장애이다. 겨울철보다 여름철에 세균성 식중독이 더 많이 발생된다. 세균 증식하기에 적합한 온도는 25~37℃이다.

1. 식중독의 분류 및 종류

(1) 세균성 식중독

병원균이 식품 안에 증식한 것을 섭취하고 발병되는 감염형 식중독과 균들의 증식과정에서 생성되어진 독성물질을 섭취하고 발병되어지는 독소형 식중독으로 나뉜다. 그 분류를 살펴보면 다음과 같다.

- 감염형 식중독 : 살모넬라·장염비브리오·병원성대장균 식중독
- 독소형 식중독 : 웰치균·보툴리누스·포도상구균 식중독

(2) 자연독 식중독

유독성 동 · 식물들을 무독성으로 오인하거나 보통식품으로 공급되어져 오던 것들이 계절과 토양에 따라서 유독성 물질을 함유하게 되어지는 경우, 그리고 특정 장기나 기관 등에서 발생하는 식중독이다.

- 동물성 자연독 : 테트로도톡신, 베네루핀, 삭시톡신
- 식물성 자연독 : 무스카린, 솔라닌, 고시폴, 사포닌, 맥각 알칼로이드, 아미그다린, 테물린, 시큐톡신, 히오시아민, 라이코린

(3) 화학 물질로 인한 식중독

유독성 화학 물질을 포함한 식품을 섭취하여 발생하는 식중독이다.

① 식품첨가물, 즉 조미료나 착색제, 표백제, 보존료 등에 들어 있는 유해 첨가물 사용에 의한 식중독이다.

※ 유해 첨가물 : 표백제-롱가리트, 삼영화질소 감미료-에틸렌 글리콘, 페릴라틴, 시클라메이트, 둘신 방부제-붕산, 불소화합물, 승홍, 포름알데히드, 페놀 및 그 유도체 착색료-아우라민, 로다민 증량제- 규산알루미늄, 규산마그네슘, 탄산칼슘, 탄산나트륨, 산성백토 등

② 유해 금속, 즉 비소, 납, 수은, 카드용, 구리, 주석, 아인, 안티몬 등에 의한 식중독이다.

• 비소 : 식품위생법상 허용하는 수치는 고체식품이 1.5ppm 이하, 액체식품이 0.3ppm 이하이다. 불순물로 식품에 혼합되는 경우가 흔하다. 구토, 위통, 경련 등을 발생시키는 급성 중독과 피부 발진, 간종창, 탈모 등을 발생시키는 만성 중독이 있다.

• 납 : 도료, 안료, 농약, 납관 등에 의해 오염·축적된 것으로서, 증상은 대부분 만성적 중독이다. 피로, 소화기 장애, 지각 장애 등의 증상을 나타낸다.

• 수은 : 유기수은에 의해 오염된 해산물 중독으로서, 병명은 미나마타병이다. 급성으로 중독 시 구토와 혈변을 일으키며, 만성 중독 시에는 구내염, 설사, 신장 장애를 일으킨다.

• 카드뮴 : 용기나 기구에 도금 되어진 카드뮴 성분이 녹아서 중독된다. 증상은 만성적 중독으로 신장 장애. 골연화증이 있다. 병명은 이타이이타이병.

• 구리 : 기구와 식기류 등에 생긴 녹청으로 인한 식중독이 가장 많다. 중독되어지면 구토와 설사, 위통 신장 및 간의 장애를 일으킨다.

• 아연 : 기구의 합금, 도금의 재료로 쓰인다. 산성 식품에 의하여 아연염이 된다. 또 가열 시 산화아연이 되고, 위에서는 염화아연이 되어 중독을 일으키게 된다. 급성 중독 시에는 복통, 설사와 구토, 경련 등을 일으킨다.

• 아티몬 : 법랑, 도자기 등의 색에 사용되는 착색제이다. 중독 증상은 구토와 설사, 경련 등이다.

• 주석 : 통조림관의 내면에 있는 도금 재료로 이용된다. 내용물에 질산 존재시 용출된다. 구토, 설사, 복통과 구역질, 권태감 등의 중독 증상을 나타낸다.

※ 유독성 금속 화합물에 의한 일반적인 식중독 증세로는 구토, 메스꺼움, 위통 등이 있다.

③ 기구와 용기, 포장으로 인해 발생하는 식중독이다. 합성수지 포장재 사용 시 식품에 독성물질이 녹아서 나올 수 있다. 따라서 포장지는 제조기준에 적합하게 사용해야 한다. 또 식품의 가공과 조리 과정 시 유독성 물질이 발생되기도 한다.

④ 그외의 농약류에 의한 중독으로는 유기인제인 파라티온, 말라티온, 텝TEPP과, 유기염소제인 디디디DDD, 디디티DDT, 비에이치시BHC가 있다. 그리고 비소화합물인 산성비산납, 비산칼슘 등이 있다.

2. 식중독 예방대책

(1) 예방 조치 사항

① 손 소독과 몸의 청결 유지

② 구충, 구서 및 위생 해충의 서식을 억제

③ 위장 장애자, 화농성 질환 환자 및 감염병 감염자 식품 취급 금지

④ 세균 증식이 염려되는 식품은 냉장보관

⑤ 식품위생법 규정의 엄수

(2) 발생시 조치 사항

먼저 환자의 구호에 최선을 다한 다음 원인을 찾아 사고의 확대를 막아야 한다.

① **환자측 대책** : 위장 증세가 발생되면 즉시 진단을 받은 다음 보건소에 신고와 더불어 식중독의 원인 식품과 분변·구토물 등의 정확한 정황을 알린다.

② **보건당국의 대책** : 신속히 행정계통의 절차를 밟아 상부에 보고하며 추정되어지는 원인 식품을 검사기관에 보내어 과학적인 검사를 거쳐서 국민에게 주지시키도록 한다.

8. 식품첨가물

식품첨가물

식품위생법 제2조 제3항에 따르면 '첨가물이라 함은 식품을 제조, 가공 또는 보존함에 있어 식품에 첨가, 혼합, 침윤, 기타의 방법으로 사용되는 물질을 말한다'라 규정되어 있다.

사용 목적

① 식품의 외관 만족과 기호성을 높이기 위해

② 식품의 변질과 변패를 방지케 하기 위해

③ 식품의 품질을 개량하므로 저장성을 향상시키기기 위해

④ 식품 제조에 사용하기 위해

⑤ 식품의 향을 비롯하여 풍미를 향상시키고 영양을 높이기 위해

⑥ 관능을 만족케 하는 첨가물 : 조미료, 감미료, 산미료, 착색료, 착향료, 발색제, 표백제.

1. 식품첨가물의 분류

① 식품의 변질과 변패를 예방하는 첨가물 : 보존료, 살균제, 산화방지제

② 식품의 품질을 개량하고 유지케하는 첨가물 : 품질개량제, 밀가루개량제, 유화제, 이형제, 피막제, 추출제, 용제, 품질 유지제

③ 식품제조에 필요한 첨가물 : 식품제조용 첨가제와 소포제

④ 식품의 영양향상에 사용하는 첨가물 : 강화제

⑤ 기타 : 팽창제, 검기초제

2. 종류 및 용도

① 조미료 : 정미료, 식품의 조리시에 맛을 낼 때 사용한다.

② 감미료 : 식품의 조리와 가공시에 단맛을 낼 때 사용한다.

③ **산미료** : 식품의 조리와 가공시 신맛 낼 때 사용한다.

④ **착색료** : 캐러멜, β-카로틴, 타르색소 등. 식품의 조리 시 가공 중에 변색된 것을 아름답게 착색시켜서 기호면으로 식욕을 촉진시켜 상품의 가치를 높이기 위해 사용한다.

⑤ **착향료** : C-멘톨, 계피알데히드, 벤질 알코올, 바닐린 등. 식품의 냄새를 향상 또는 변화시키거나 좋지 않은 향을 없애기 위하여 사용한다.

⑥ **발색제** : 육류 발색제아질산나트륨, 질산칼륨, 질산나트륨, 식물성의 색소 발색제황산제1 철. 식품 중의 색소와 만나 이를 고정으로 발색시키거나 발색을 촉진할 때 사용한다.

⑦ **표백제** : 아황산나트륨, 과산화수소, 무수아황산 등. 식품 가공이나 제조할때 일반색소와 더불어 발색성 물질을 무색상의 화합물로 변화시켜 식품의 보존에서 일어나는 갈변과 착색 등의 변호를 제어하기 위해 사용한다.

⑧ **보존료**방부제 : 디하이드로아세트산, 프로피온산 칼슘, 프로피온산 나트륨, 소르브산, 안식 향산벤조산 등. 미생물의 발육을 억누르고 정균작용 및 미생물을 살균시키는 작용, 식품과 세균이 생산하는 효소작용을 억누른다.

⑨ **살균제** : 표백분, 차아염소산나트륨 등. 식품의 부패 원인균과 병원균을 없애기 위해 사용한다.

⑩ **산화방지제**황산화제 : 에르소르브산, 디부틸히드로옥시톨루엔 등. 식품의 산화와 변질 현상을 방지하기 위한 목적으로 사용한다.

⑪ **품질개량제** : 스테아릴젖산칼슘, 피로인산나트륨, 폴리인산나트륨 등. 식품의 품질을 더 나은 제품으로 향상시키기 위하여 사용한다.

⑫ **밀가루 개량제** : 과황산암모늄, 브롬산칼륨, 과산화벤조일 등. 제분한 밀가루의 표백 및 숙성을 위하여 사용한다. 또한 제빵의 저해 물질을 파괴시켜 장기간 저장 중에 있는 품질 변화를 억제시키기 위하여서도 사용한다.

⑬ **호료**증점제 : 카세인, 메틸셀룰로오스, 알긴산나트륨 등. 식품의 물성과 촉감을 향상시키기 위하여 사용한다.

⑭ **유화제** : 대두 인지질, 자당지방산 에스테르, 글리세린지방산 에스테르 등. 물과 기름처럼 혼합이 서로 잘 되지 않는 2종류의 액체와 고체를 액체에 분산시키기 위하여 사용한다.

⑮ **이형제** : 초콜릿 세공시에 초콜릿이 굳은 뒤 틀에서 잘 분리되도록 하기 위해 첨가한다. 허용 가능한 것은 단 유동 파라핀 1종뿐이다. 유동 파라핀의 빵속 최대 잔존 허용량은 0.1% 이하이다.

⑯ **피막제** : 과일, 야채의 신선도를 유지하기 위해 사용하는 첨가물. 몰포린 지방산염과 초산 비닐 수지 2가지가 있다.

⑰ **추출제 및 용제** : 추출제는 식용유지의 추출에 사용한다. 용제는 식품첨가물을 용해하여 식품에 균일하게 혼합하기 위하여 사용한다.

⑱ **식품 제조용 첨가제** : 수산화나트륨, 염산, 인산, 수산 등이 외에도 여과·흡착 제거제로는 활성탄, 이온교환수지, 규조토, 백도토, 탈크 등이 있다. 식품의 제조와 가공공정에서 가수분해와 중화, 여과, 기타 물질의 제거를 목적으로 사용한다.

⑲ **소포제** : 규소수지. 식품 제조과정시에 발생되는 불필요한 거품을 없앨 목적으로 사용한다.

⑳ **강화제** : 비타민류, 무기염류와 아미노산류 등. 식품의 영양을 강화할 목적으로 사용한다.

㉑ **팽창제** : 명반, 소명반, 탄산암모늄, 염화암모늄, 탄산수소나트륨, 탄산마그네슘, 탄산수소암모늄 등. 빵, 과자 등을 부풀린 모양을 만들기 위한 목적으로 사용한다.

㉒ **검기초제** : 아세트산비닐수지 등. 검이 제조에 사용한다

9. 식품의 감별법과 위생적 관리

1. 식품감별법

식품 위생상 알맞은지의 여부와 부패 · 변질상태 또는 이물질이나 유해물질이 섞여 있는지의 여부를 알아내는 방법이다. 실험적인 방법과 오관에 의한 관능검사가 있다.

(1) 농산물 및 가공품의 감별법

① 밀가루

- 밀가루의 결정이 미세하여 결이 고운 것들이 좋다.
- 색상은 하얀 것이 좋다. 갈색 빛깔을 띠는 것은 밀기울겨이 대량 섞인 것이다.
- 냄새가 없어야 좋다.
- 가루에 덩어리지거나 벌레가 생기지 않으며 잘 건조된 것이 좋다.

② 야채 과실류

- 형태가 바르게 갖추어져 있는 것
- 원래의 색이 나타나는 것
- 상처와 흠이 없는 것이 좋다.

③ 쌀

- 잘 말린 것
- 냄새가 없는 것
- 입자가 굵으며 타원형으로 부스러지지 않은 것
- 색깔은 투명하며 윤기가 나는 것이 좋다.

(2) 축산물 및 가공품의 감별법

① 계란알류

- 신선한 것
  - 껍질이 까슬까슬하다.
  - 빛에 비추어 봤을 때 투명하게 보인다.
  - 물에 넣었을 때 수평으로 누워진다.
  - 깨뜨렸을 때 노른자의 형태가 탄력이 있고 모양도 그대로이며 흰자도 퍼지지 않는다.
- 오래된 것
  - 6% 농도의 식염수에 넣었을 시 뜬다.
  - 껍질이 매끄러우며 광택이 난다.

② 우유

- 제조일자가 오래되지 않은 것
- 신맛, 쓴맛이 없는 것
- 나쁜 향이나 냄새가 없는 것
- 변색되었거나 이물질이 없는 것
- 물컵에 떨구었을 때 구름처럼 퍼지면서 강하하는 것
- 직화로 가열 시 응고되지 않는 것이 좋다.

③ 버터

- 외관이 균일하고 반점이 없는 것
- 가열할 때 거품이 생기는 것
- 이취가 없는 것이 좋다.

④ 치즈

- 특유의 풍미가 나타나는 것
- 입속에서 녹을 시 이물감이 남지 않는 것
- 촉촉한 것이 좋다.

2. 식품의 위생적 관리

(1) 식품 취급자의 위생 관리

① 복장

- 복장은 늘 청결하게 유지한다.
- 위생모 및 위생복장을 착용한다.
- 위생복을 착용하고 외출하는 것을 삼간다.

② 진단·감염예방

- 정기적으로 진단을 받는다.
- 정기적, 임시적으로 예방접종을 한다.
- 감염병 또는 기생충의 보균자는 작업할 수 없다.
- 피부병 또는 화농성 질환자는 작업할 수 없다.
- 손을 항상 청결히 하고, 손 세척과 및 소독을 철저하게 한다.

③ 기구·시설 사용

- 필히 전용 화장실을 사용하고, 용변 후엔 손을 꼭 씻도록 한다.
- 식품 취급 시 기구가 입과 귀·머리 등에 닿지 않게 주의한다.
- 작업장 안에서는 금연하고 잡담 금지를 엄수하도록 한다.
- 관계자 이외에는 작업장 안에 출입하지 않아야 한다.

(2) 기계 · 설비의 위생 관리

① 작업장

- 식품 취급 장소인 만큼 항상 청결해야 한다.
- 작업에 필요한 기계나 설비 외에 세척시설과 폐기물 용기 등이 갖추어져 있어야 한다.
- 적절한 실내온도와 조도를 유지한다.
- 소독제, 자외선 살균기 등을 이용해 실내 공기가 오염되지 않도록 한다.
- 구충·구서에 힘쓴다. 바퀴나 쥐 등에 의한 식품 오염을 방지한다.

② 기계·기구

- 식품과 직접 접촉하는 것이므로 무해한 재질이어야 한다. 즉 유독 물질을 용출하지 않고 식품 성분과 반응하지 않아야 한다.
- 이물질이 부착되지 않아야 한다. 부착되더라도 제거가 용이해야 한다.
- 기구는 자주 살균, 세척해 항상 청결하게 관리해야 한다.
- 기계는 작업과 청소가 쉽도록 배치한다.

3. 식품위생 행정 및 법규

(1) 행정기관

① 중앙기구

- 보건복지부의 식품국 : 식품위생에관한 업무의 총괄, 기획, 조사 등을 주관하며 지방의 위생행정기구를 지휘감독
- 농림해양 수산부 : 농축산물과 수산물의 품질이나 경재상의 부분
- 재정경제부 : 주류의 품질과 견재상의 부분

- 식품위약품안전청 : 식품위생 행정의 업무

※ 참고 : 한국식품의약품안전처 조직도

② 지방 행정기구

- 지방자치기관의 보건사회국 보건위생과 : 식품위생에 대한 지도감독
- 구청위생과 : 식품위생감시원을 배치하고 말단의 식품위생 행정업무를 담당
- 시군 보건환경연구원 : 지방의 식품위생행정을 과학적으로 뒷받침하는 시험검사기관

※ 참고 : 서울/부산/경인/대구/광주/대전 지방청 조직도

(2) 식품위생관계 법규

- 식품위생법 : 13장 102조의 부칙으로 이루어져 있다. 부속 법령으로는 식품위생법 시행령, 식품위생법 시행규칙, 식품 등의 규격 및 기준, 국민 영양 개선령이 있다.
- 식품위생법의 주요 내용 : 식품 위생의 정의와 목적, 식품 등의 규격과 기준, 표시 기준, 제품 검사, 식품 위생 감시, 영업 허가, 건강 검진, 식품 위생 관리인, 식중독 보고, 기타 행정제재 등에 관한 내용이 담겨 있다.

Chapter 5. 제과학

chapter 5 제과학

1. 밀가루

1. 역사

인류의 가장 큰 주식 중 하나는 밀과 쌀로 약 1만 5천 년 전부터 재배되기 시작하였다. 밀은 현대에 이르러 많은 나라의 주식으로 사용되고 있으며, 전체식량 생산의 약 20%이다. 특히 밀은 과자와 빵을 만드는 데 없어서는 안되는 주요 곡물 중에 하나이다.

밀은 여러 가지 조건에 따라서 분류할 수 있는데 주로 밀을 심는 시기나 수확하는 시기, 밀의 형태, 밀의 수량 등의 의해 다양한 종류로 나눠진다. 밀은 기원전 약 100~200년 경에 발상지인 서남아시아에서 중국을 거쳐서 한반도로 전해진 것으로 알려졌다.

2. 성질

밀가루는 분쇄해서 체로 거른 뒤 껍질과 배아를 제거하고 내부의 베유부분을 모아 놓은 것을 말한다. 주로 빵과 비스킷, 과자 등을 만들 때 주원료로 사용한다. 밀을 구성하는 성분에는 크게 전분70~73%, 단백질10~14%, 물약 14% 등이 있다.

단백질 함량이 높은 밀은 상대적으로 전분 함량이 적고, 반대로 전분 함량이 높은 밀은 상대적으로 단백질 함량이 높다. 또한 단백질은 단백질 중량의 2배의 물을 흡수하기 때문에 단백질 함량이 많은 밀가루일수록 수분흡수율이 높아서 부피가 큰 빵을 만들어낼 수 있다.

밀가루를 분류하는 방법에는 몇 가지가 있는데 대표적으로 단백질 함량에 따라 강력분, 중력분, 박력분으로 분류한다. 강력분은 단백질 함량이 11.5~13.5%, 중력분은 9.0~10%, 박력분은 7.0~8.5%이 함량되어 있다. 밀가루 속 단백질은 물을 넣고 치대면 치댈수록 단백질끼리 결합을 하면서 그물망 모양의 글루텐이라는 물질로 변하는 성질을 가시고 있다.

밀 단백질에는 수용성인 글로블린, 알부민, 프로테오스, 메소닌 등이 약 20% 함량되어 있고, 불용성인 글리아딘과 글루테닌이 약 80% 함량되어 있다.

3. 밀가루의 종류와 특징

밀은 밀알 조직의 강도에 따라 경질밀과 연질밀로, 생육 기후에 따라 겨울밀과 봄밀로, 겉껍질의 색에 따라 흰 밀과 붉은 밀로 나뉜다. 경질밀은 밀알이 단단하고 유리질로 되어 있어 전분의 알갱이와 단백질의 결합 정도가 강하기 때문에 빛을 투과시켜서 보면 알갱이가 투명한 유리질로 되어 있는 것을 확인할 수 있다.

연질밀은 전분 알갱이와 단백질의 결합 사이에 미세한 기포가 있어 빛을 투과시켜 보면 불투명한 모양을 하고 있다. 이러한 성질의 주체인 글리아딘과 글루테닌의 양과 질의 특성에 따라 강력분, 중력분, 박력분으로 분류되고, 회분 함량과 품질에 따 라 특등급, 1등급, 2등급, 3등급으로 나뉜다.

① **경질 붉은 봄밀** : 봄에 심어서 같은 해 가을에 수확하는 밀이다. 단백질 함량은 13~16%로 타 품 종의 밀에 비해 아주 높아서 제빵에 매우 적합하다.

② **경질 붉은 겨울밀** : 가을에 심어서 다음 해 초여름에 수확하는 소맥으로 미국 밀 중에 제일 많이 수 확한다. 겨울밀 중에 품질이 매우 우수하며, 단백질 함량은 11~12%로 높은 편이라 제빵에 적합하다.

③ **연질 붉은 겨울밀** : 케이크 종류나 과자 종류 등에 가장 많이 사용하는 밀이다. 미국 밀의 18% 이상을 차지하고 있으며, 단백질 함유량이 낮은 저단백질의 밀로 단위당 생산량이 높다.

④ **듀럼밀** : 남북 다코다 주를 비롯해 몬타나 주, 미네소타 주가 주요 생산지다. 파스타나 마카로니 등을 만드는 재료로 많이 사용된다. 밀 중에서는 가장 경질의 밀이며, 단백질 함유량이 높고 황색색소가 많다.

⑤ **흰밀** : 종류로는 경질 흰밀, 연질 흰밀, 서부 흰밀, 흰밀 클럽 등이 있다. 단백질 함유량이 적어서 주로 과자류, 케이크류, 제면용으로 사용한다.

4. 밀의 구조

밀은 배아germ, 내배유endosperm, 껍질bran 세 부분으로 나뉘며 배아는 2~3%, 내배유는 83%, 껍질은 15%를 차지하고 있다.

(1) 껍질

외피의 약 14.5~15%를 차지하고 있으며, 제분하는 과정에서 배유와 분리되어 나오는 밀 기울밀을 빻아 가루를 내 체로 치고 남은 찌꺼기이다. 주로 가축의 사료로 사용한다. 내배유 바깥쪽 껍질에는 밀알 단백질의 19%를 포함하고 있으나 글루텐을 형성하지 못한다.

(2) 배아

밀알의 2~3% 차지하고 있으며, 저장성이 좋지 않은 것이 특징이다. 배아에는 9.4%의 지방, 단백질, 미네랄, 비타민 등의 영양소가 풍부하게 포함되어 있다. 이러한 영양소는 제분하는 과정에서 분리해 건강식품으로 사용하기도 한다.

(3) 배유

밀알의 약 83%를 차지하고 있으며, 이 부분이 밀가루가 된다. 당질, 단백질 등이 주성분이고 밀알의 중심부와 주변에 따라서 성분 함유량이 차이가 난다. 내배유에는 성분, 크기, 위치가 다른 세 종류의 전분이 있다.

2. 유지

유지는 상온에서 액체상태인 것을 기름oil, 고체상태인 것을 지방fat이라고 하며 과학적으로는 지방산과 글리세린이 결합한 에스테르를 가리킨다. 탄소C, 수소H, 산소O로 이루어져 있으며 물에는 녹지 않고 유지용매에는 잘 녹는다. 유지는 동식물에 널리 분포되어 있으며 단백질이나 당질과 같이 인체의 3대 중요 구성성분이면서 열량 공급원이다.

유지의 종류는 대단히 많지만 제과에서는 버터, 마가린, 쇼트닝, 라드, 카카오 버터 등의 고형유지가 많이 사용되고 있다. 이러한 유지들은 제품의 풍미를 높여 주고 가공 적성에 따라 제품을 만드는 데 중요한 역할을 한다.

1. 유지의 종류와 특징

유지의 원료는 동물성 유지와 식물성 유지 이렇게 두 가지 종류로 나뉜다. 동물성 유지로는 버터가 대표적이고, 그 외에 라드돼지기름, 해드소기름 등이 있다.

식물성 유지로는 올리브유, 팜유, 대두유, 참기름, 해바라기유, 면실유, 땅콩유 등이 있다.

(1) 버터

버터는 제과용 유지의 기본이다. 다른 유지에 비해 풍미가 뛰어나게 좋아 제과에서 유지를 사용해 만드는 제품의 대부분은 버터의 특성을 전제로 레시피를 작성한다.

버터는 우유를 원심분리기에 넣고 분리시켜서 가벼운 유지방 부분을 추출해서 만들며 유지방 80% 이상에 수분 18% 이하, 무기질 2%, 소금 1.2~1.5%와 그 외에 소량의 카제인, 유당, 칼슘 등이 함유되어 있다.

버터의 융점은 29~35℃이고, 크림성은 마가린이나 쇼트닝보다 조금 떨어지며, 빛, 온도, 공기, 습도에 민감해 산패되기 쉽기 때문에 건냉암소에 보관하는 것이 좋다.

버터의 종류에는 유산균으로 발효시킨 유무에 따라 발효버터와 감성버터로 나뉘고 1.5~2% 정도의 소금을 첨가했느냐에 따라 유염버터와 무염버터로 나뉜다. 제과에서는 특별한 경우를 제외하고는 주로 무염버터를 사용한다.

(2) 마가린

마가린은 버터의 대체품으로 개발되었으며 현재 유지 가공 기술이 발전함에 따라 다양한 마가린들이 개발되어서 식품산업에 이용되고 있다.

마가린은 지방함량이 80% 이상인 것을 표준으로 하며, 수분 16.5%, 소금 3%, 유화제 0.5% 외에 약간의 인공 향료와 색소를 첨가하여 구성된다. 원료는 주로 동식물의 유지를 사용하며, 많이 사용하는 식물성 유지는 팜유, 면실유, 대두유, 옥수수유 등이다.

마가린과 버터를 혼합해 만든 컴파운드 마가린은 풍미와 가공성이 좋아 주로 빵, 크림 케이크 등에 사용된다. 주로 파이에 사용하는 테이블 마가린은 일반 마가린에 비해 신전성과 융점, 풍미가 좋다.

(3) 쇼트닝

쇼트닝은 라드의 대체품으로 미국에서 개발된 가공유지이다. 세계각국에서 널리 사용하고 있으며 '쇼트닝성'이란 말에서 쇼트닝이란 이름이 유래되었다.

원료는 동식물성 유지 및 경화유이며 제조법은 마가린과 거의 같다. 마가린과 다른 점은 수분이 포함되어 있지 않았다는 점이다.

쇼트닝은 사용 목적에 적합하게 만들어진 품질 좋은 고형유지이며, 사용할 수 있는 온도 범위가 넓고 취급이 용이하다. 이 가공유지는 버터나 마가린처럼 자체 풍미는 가지고 있지 않다.

정제한 동식물의 유지를 이용하여 만들며 유지 100%에 수분은 없다. 또 고체상태뿐 아니라 액체나 분말 상태로도 만들어져 식품산업에서 두루 사용되고 있다.

슈가크래프트의 반죽을 치대면 분당의 일부가 달걀 흰자에 녹아서 끈적거리는데 쇼트닝을 바르면서 작업을 하게 되면 작업성이 좋아질 뿐만 아니라 밀대로 밀어 펼 때 바닥에 달라붙는 것도 방지한다.

2. 제과에 적합한 유지의 조건

① **크림성** : 유지를 휘핑whipping할 때 공기를 포집하는 성질
② **신장선** : 유지를 밀면 늘어나며 퍼지는 성질
③ **가소성** : 온도가 상승함에 따라 고체였던 유지의 형태가 변화하는 성질
④ **안정성** : 장시간 보관했을 때 산패에 견디는 성질

3. 제과에서 유지의 기능

① **쇼트닝성** : 제품에 부드러움을 더해주는 기능
② **크림화** : 휘핑을 하여 유지 속에 공기가 혼합되면서 부드러운 크림이 되게 하는 기능
③ **안정화** : 산소와 결합해서 산패가 일어나지 않도록 하는 기능
④ **보습성** : 수분을 오랫동안 보유해서 제품의 노화를 방지하는 기능
⑤ **공기혼입** : 유지에 작고 큰 공기방울 형태로 섞여서 제품의 팽창을 돕는 기능

4. 유지의 보관 및 취급

유지는 산소, 온도, 빛, 습도 등에 약해서 오랫동안 보관하게 되면 산패되어 불쾌한 냄새뿐만 아니라 해로운 물질이 생성되기 때문에 조심해야 한다.

특히 식물성 유지는 불포화 지방산이 많아 산소와 쉽게 산화되므로 신선한 식물성 유지를 사용하기 위해서는 반드시 밀폐용기에 넣어 공기접촉을 피하고, 건냉암소에 보관하고 유통기간을 철저히 지켜야 한다.

3. 달걀

달걀은 대부분 산란한 그대로 알째 사용하며 그 외에 알을 깨서 내용물만 유통하는 액상란, 액상란을 얼린 동결란, 액상란을 건조시킨 건조란 등이 있다. 달걀은 노른자 26~33%, 흰자 45~60%, 껍질 10~12%의 비율로 구성되어 있다. 그 비율은 달걀의 무게나 닭의 종류에 따라서 조금씩 차이가 있지만, 제과에서는 통상 달걀 한 개의 무게를 평균 60g으로 한다.

달걀의 성분은 전란의 경우 수분 75%, 단백질 13%, 지방11%, 노른자는 수분 49.5%, 단백질 15%,지방 33%, 흰자는 수분 80%, 단백질 10%로 되어 있고, 전란과 노른자에는 비타민과 무기질들이 들어 있다.

달걀은 우유와 더불어 완전식품의 대명사로 불린다. 달걀은 닭이 산란한 직후부터 품질의 저하가 시작되는데, 시간이 지남에 따라 흰자가 묽어지고, 노른자막의 강도가 약해지면서 세균들이 침입하여 품질의 변질과 부패가 일어난다.

달걀을 사용할 때 몇가지 주의할 점이 있다. 산란 직후에는 달걀 껍데기에 부수히 많은 미생물들이 붙어 있기 때문에 알을 깨기 전에 미리 물로 세척해서 사용하는 것이 좋고, 보관할 때는 온도 1~3℃, 습도 75~85%의 냉장고에 보관하는 것이 좋다. 또한 달걀 껍데기는 통기성이 좋아서 세균이나 곰팡이가 침입하기 쉽기 때문에 장기간 보관할 때는 특히 조심해야 하며 식초나 기름, 향신료, 김치 등과 같이 냄새가 강한 식품과 같이 저장하면 냄새가 달걀에 배이게 되므로 주의한다.

1. 달걀흰자

달걀흰자는 주로 수분과 단백질로 구성되어 있으면 전체 중량의 약 60%를 차지하는데, 농후 난백과 점도가 낮은 수용성 난백 및 난황을 고정하고 있는 나선성의 알끈으로 구성되어 있다.

아주 신선한 달걀의 특징은 묽은 흰자와 진한 흰자 비율이 거의 동일하지만 달걀이 시간이 지날수록 진한 흰자가 점성이 나약해지면서 묽은 흰자 양이 많아진다. 슈가크래프트에 사용하는 달걀흰자는 반죽의 점도를 높이는 데 사용된다. 이는 반죽을 얇게 펴서 다양한 꽃잎을 제작하는 등 세밀한 부분까지 표현해내야 하므로 점도가 좋은 신선한 흰자를 사용하는 것이 좋다.

2. 건조흰자

달걀의 건조는 통상 원심분리식이나 노즐을 이용한 분무건조 장치를 이용한다. 이 장치를 이용해서 140~170℃의 열풍에 달걀흰자를 분무시키면 수분은 순간적으로 증발되고 단백질의 변성은 거의 일어나지 않는다. 그러나 수분을 빼앗긴 달걀흰자는 변성이 일어나기 쉬워진다. 용해도의 저하에 따른 유화성과 기포성의 저하, 변색, 이취의 발생 등 품질의 저하가 일어난다.

이는 유리당으로 존재하는 글루코스와 달걀흰자의 단백질 사이에서 일어나는 아미노칼보닐 반응이 변성의 주원인이다. 따라서 유리 글루코스를 제거하면 이러한 품질 저하는 일어나지 않는다. 건조된 상태로 달걀흰자를 분당과 반죽하면 수분의 양을 마음대로 조절할 수 있기 때문에 좀 더 힘 있는 반죽을 얻을 수 있다.

3. 달걀흰자의 기포성

달걀흰자는 수분이 89%이고, 고형분의 약 93%가 단백질로 되어 있다. 이와 같은 단백질 용액은 표면장력이 작고 증기압이 낮기 때문에 공기와 접촉하는 경계면이 응고되는 성질을 가지고 있다. 따라서 흰자를 거품기로 휘저으면 단백질 용액이 공기를 품어 안정적으로 기포를 형성하는데, 이러한 성질을 달걀흰자의 기포성이라고 한다. 기포성은 달걀의 신선도와 pH, 온도 또는 흰자의 부위, 배합재료 등에 의해서 변하게 된다. 온도가 높으면 기포성은 좋지만, 기포의 안정성은 떨어진다.

스펀지류나 머랭을 만들 경우에는 달걀흰자의 기포성 및 안정성이 좋아야 하는데, 일반적으로 온도 25℃ 전후가 가장 좋다. 따라서 냉장고에서 바로 꺼냈을 때는 온도가 차갑기 때문에 실온에 조금 두어 온도를 높일 필요가 있다.

달걀 노른자의 유화성 *Check Point*

달걀노른자는 지방이 많아서 고형질의 약 60%를 차지하고, 단백질은 33%를 차지한다. 또 지방은 단백질과 결합하여 리포단백질이 되거나 레시틴을 주성분으로 하는 인지질이나 콜레스트린이 된다.

이 리포단백질은 물 속에 기름이 녹아 있는 유탁액을 만드는 특징이 있다. 레시틴은 강한 유화력을 가지고 있으면 콜레스트린도 리포단백질과 같이 유탁액을 만드는 특징을 갖고 있다. 이러한 이유로 달걀 노른자는 자체가 유탁액이면서 유화력을 가지고 있다.

4. 열 응고성

달걀은 열을 가하면 응고되는데 노른자와 흰자는 열에 대한 반응이 다르다. 흰자는 58℃에 응고가 시작되고, 62~65℃에 유동성이 없어지다가 70℃에 완전히 응고가 된다. 완전히 응고가 되려면 80℃ 이상의 가열이 필요하다. 흰자에 비해 노른자는 65~70℃에서 완전히 응고가 끝난다.

전란은 물을 첨가해서 원하는 농도로 조절이 가능하지만 물을 섞으면 겔 상태가 약해지고, 달걀량의 7배 이상 물을 섞게 되면 가열해도 응고되지 않는다. 달걀의 응고성은 과자를 만들 때 가열을 통해 다른 재료와 함께 응고시키거나 새료를 뭉치게 만드는 등 조직 형성에 중요한 역할을 한다. 달걀은 당류, 특히 전화당과 같이 가열하면 메일라드 반응이 일어나면서 갈색으로 변하는데, 제품의 색깔을 좋게 하기 위해 달걀을 바르는 것은 이런 이유 때문이다. 달걀을 주체로 하는 제품에서는 pH가 높아지면 풍미가 떨어지고 착색도 떨어진다.

5. 달걀의 신선도 구별법

달걀의 신선도를 측정하는 법에는 몇 가지 방법이 있다. 첫 번째 방법은 달걀을 빛에 투사해 보는 방법으로, 신선한 달걀은 전체적으로 투명하고 오래된 달걀은 불투명하다. 두 번째 방법은 물1L에 소금 100g을 넣고 섞은 후 달걀을 넣었을 때 떠오르는 것이 오래된 달걀이고 가라앉는 것이 신선한 달걀이다.

4. 젤라틴

젤라틴은 동물의 결체 조직骨에 존재하는 단백질인 콜라겐을 가수분해한 뒤 형성된 아교풀을 다시 정선하여 유해물질을 제거하고 설탕, 산, 색소, 향료 등을 첨가하여 가공한 것이다.

젤라틴은 아미노산으로 구성되어 있으며 글리신과 프롤린의 함량이 높다. 젤라틴은 천연검과 마찬가지로 물과 함께 가열하면 35℃ 에서 녹아서 투명한 겔을 형성한다. 젤라틴은 가격도 저렴하고 사용법도 간단하여 슈가크래프트 반죽에 많이 사용되고 있으나 녹였을 때 동물성 특유의 이취가 나는 문제점이 있다.

주로 판 젤라틴과 가루 젤라틴의 형태로 나뉘며 그 사용법은 다음과 같다.

① **판 젤라틴** : 배합표의 찬물에 약 10분 정도 불린 뒤 젤라틴이 충분히 팽창되면 물기를 제거하고 약 40~50℃의 물에 중탕으로 녹인다. 단, 이때 젤라틴의 온도가 60℃를 넘지 않도록 주의한다.

② **가루 젤라틴** : 찬물과 섞어서 모든 젤라틴 가루가 물을 흡수한 뒤 팽창되면 중탕하여 사용한다. 단, 온도가 60℃ 이상 올라가지 않도록 주의한다. 젤라틴이 녹는 온도는 약 35℃이고 굳는 온도는 보통 10~16℃이다.

(1) 젤라틴 첨가물

① **산** : 젤라틴의 응고력을 감소시키는 경향이 있어 산이나 과즙 등의 첨가할 때는 농도를 높인다.

② **소금** : 젤라틴을 단단하게 하는 역할

③ **우유** : 보통 물보다 더 단단하게 응고시킨다.

④ **설탕** : 보통 농도의 설탕은 응고를 도와주나 설탕의 농도가 너무 크면 응고력을 방해한다.

5. 물엿

전분 시럽. 말 그대로 액체 엿이다. 다만 똑같은 액체 엿인 조청과는 차이가 있다. 전분을 산이나 효소로 가수분해하여 얻는다.

전분을 분해하여 만들지만, 말토스엿당을 함유한다는 점에서 액상과당과는 다르다. 액상과당은 전분을 포도당으로 전부 분해하는 데까지는 가지 않고 중간에서 멈춘다. 그래서 물엿에는 포도당, 말토스, 덱스트린 등이 섞여 있다.

6. 분당

시중에서 판매되고 있는 분당에는 덩어리가 되는 것을 방지하기 위하여 3%의 전분이나 인산 삼칼슘jtricalcium phosphate가 첨가되어 있고, 슈가크래프트를 만들 때는 아무것도 첨가되지 않는 순수한 분당을 사용하는 것이 좋다.

분당은 입자가 미세한 만큼 표면적이 커서 흡습성이 크며 쉽게 덩어리가 지기 때문에 사용하고 남은 분당은 밀폐된 통에 보관해야 한다. 또한 재사용 시 굳었으면 부셔서 고운체로 걸러 사용해야 한다.

7. 안정제

분당에 난백을 첨가하여 슈가크래프트 반죽을 주물러 부드럽게 한 후 꽃이나 여러 모형 및 조형물 등을 만들다가 시간이 지나면 반죽이 갈라지고 거칠어지는데, 이 현상을 예방하기 위하여 안정제를 사용한다.

안정제는 바다 해조류에서 얻는 한천, 가라키난, 식물체에서 얻는 펙틴, 아라비아검, 카라야 검, 트라가칸드 검, 구아 검, 동물에서 얻는 젤라틴, 키틴, 나무의 펄프를 가공해서 얻는 CMC 등이 있으며, 주로 자연에서 얻는다.

이러한 안정제는 밀폐용기에는 목재펄프를 작은 책 모양으로 자른 뒤 18% 수산화나트륨과 함께 분쇄기에 넣고 가루를 만든 다음 모노크롤수산나트륨에 2시간 정도 담가둔 후 20% 황산에 풀어서 중화시킨다. 여기에 물을 넣고 원심분리기에 돌리면서 황산나트륨과 식염 등을 씻어내고, 수산화나트륨이나 탄산나트륨을 넣고 중화해서 건조시키면 CMC가 된다. 상품으로는 나트륨염, 즉 섬유소 글리콜산나트륨의 무미 무취의 분말형태로 판매되고 있다.

일반적 특성으로는 흡수성이 커서 물에 쉽게 녹아 점성을 띠는 겔 상태가 된다. 이는 접착력이 좋고 광선이나 열에 안정적이어서 점도가 저하되지 않아 트라가칸드 검의 대체품으로 사용된다. 가격이 저렴하고 사용 방법이 간단해서 가장 많이 사용되고 있다.

8. 아라비아 검

아라비아 검은 인도, 수단과 같이 덥고 건조한 곳에서 자라나는 아카시아 나무껍질에서 추출하는 삼출물exudate로서 찬물과 더운물 모두에 다 잘 녹는다. 다른검류는 점도 때문에 5% 이상의 수용액을 만들기가 어렵지만 아라비아 검은 55% 정도의 수용액을 만들 수 있다.

아라비아 검은 뛰어난 성능을 가졌으나 비용이 비싸기 때문에 많이 사용하지 않는다. 각종 케이크의 과일과 너트에 바르는 광택제 아라비아 검 30g+물120mL 나 슈가크래프트에서 꽃잎 등을 붙이기 위한 풀 아라비아 검 50g+물50mL 로 사용된다.

9. 트라가칸드 검

터키, 시리아와 이란에서 발견된 아스트랄라거스 astralagus 나무의 수액으로 파스티야주, 슈가 페이스트와 플라워 페이스트 제조에 사용된다. 가장 비싼 검이지만 매우 점착력이 강하다.

10. 광택제(Confectioners varnish)

많은 광택을 필요로 하는 홀리나 베리 종류를 만들 때 액체 광택제를 사용하면 광택 효과가 뛰어나다. 잎이나 열매를 광택제에 담갔다가 꺼낸 후 적당히 털어내고 건조시킨다. 이소프로필 알코올 Isopropyl Alcohol 과 섞어 광택 농도를 조절할 수 있다.

3/4 varnish + 1/4 alcohol / 1/2 varnish + 1/2 alcohol / 1/4 varnish + 3/4 alcohol

11. 도구설명

	도구명	사진	설명
1	넌스틱 보드 (Nonstick Board)	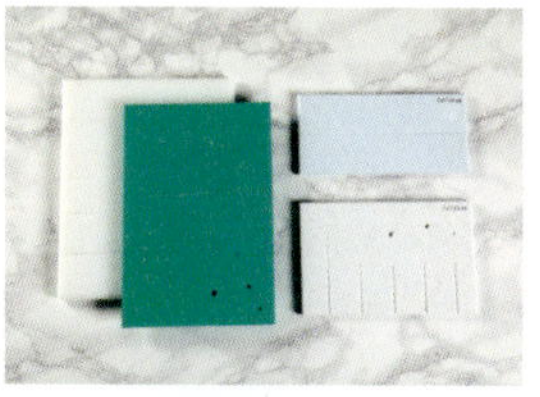	슈가 반죽을 밀 때 사용하는 보드로 슈가 반죽이 달라 붙지 않는 플라스틱 보드이며 일반 플라스틱 보드보다 비싸고, 무독성(Nontoxic)이다. 홈이 패어있는 보드는 넌스틱 그루브 보드(Nonstick grooved board)라고 한다.
2	스펀지 패드 (Sponge Pad)		셀 패드(Cel Pad)라고도 하며, 반죽의 가장자리를 펼 때 밑에 받쳐주는 역할을 한다. 아주 단단한 재질부터 물렁한 것까지 용도나 취향에 따라 선택을 하면 된다.
3	셀 스틱 (Cel Stick)		스틱의 굵기가 이쑤시개만큼 얇은 것부터 연필만 한 것까지 아주 종류가 다양하고, 슈가 반죽을 밀어 펴거나 모델링 작업시 사용한다. 스틱이나 핀이 셀 (Cel)사의 제품이 가장 유명해서 '셀 스틱', '셀 핀'이라고 부른다.
4	롤링 핀 (Rolling Pin)		슈가 반죽을 밀어 펼 때 사용한다.
5	커팅 휠 (Cutting Wheel) 또는 휠 커터 (Wheel Cutter)	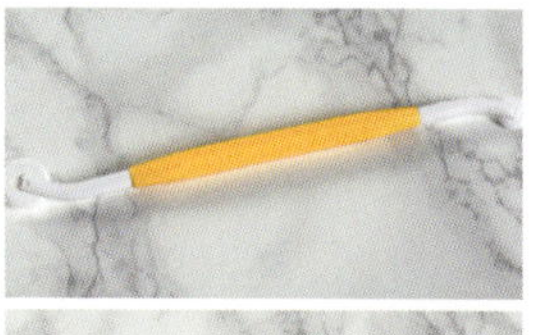 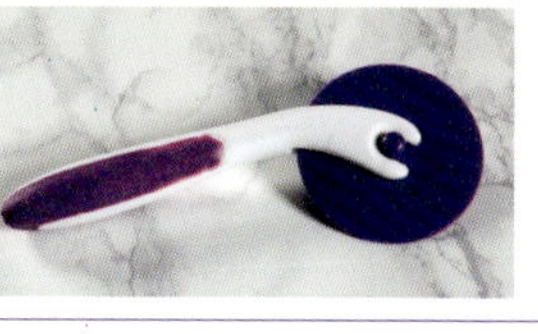	바퀴처럼 생긴 둥근 날이 있는 도구로 슈가 반죽의 단면을 자를 때 사용한다.

	도구명	사진	설명
6	퀼팅 휠 (Quilting Wheel)	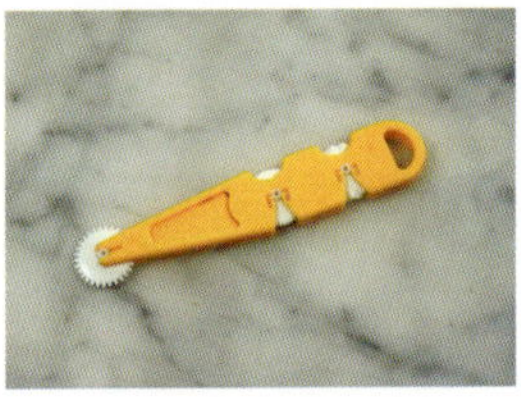	슈가 반죽에 톱니 자국을 낼 때 사용한다.
7	본툴 (Bone Tool)	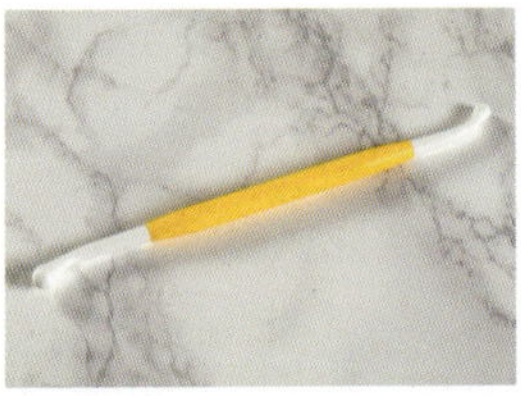	도구의 생김새가 뼈다귀처럼 생겼다고 해서 붙여진 이름이며, 반죽 가장자리에 프릴을 주거나 가장자리를 부드럽게 펴주는 도구이다.
8	볼툴 (Ball Tool)	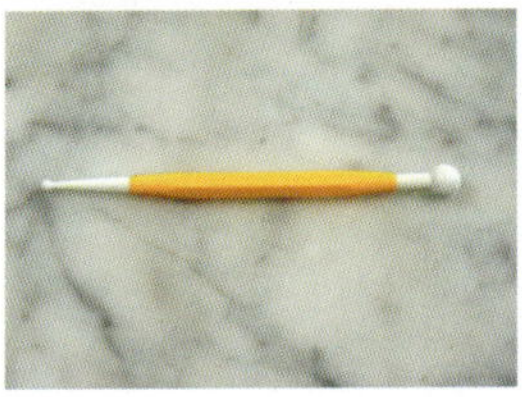	도구를 쓰는 부분의 생김새가 공처럼 생긴 도구이고, 반죽의 가장자리에 프릴을 만들 때 사용한다.
9	실크 베이닝 툴 (Silk veining tool)	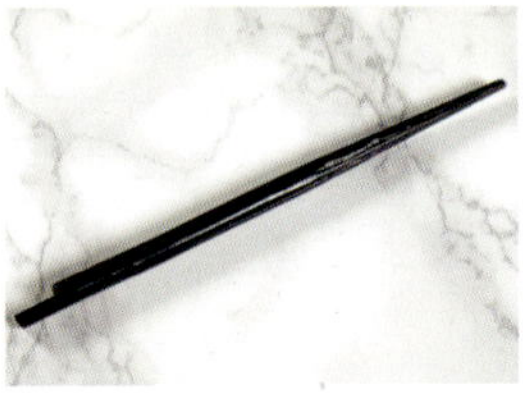	꽃잎의 맥을 정교하고 세심하게 표현하거나 개럿 프릴을 만들 때 사용한다.
10	와이어 커터 (Wire Cutter)		철사를 자를 때 사용한다.
11	롱로즈		굵은 와이어에 훅을 걸 때 사용한다.
12	공예용 가위	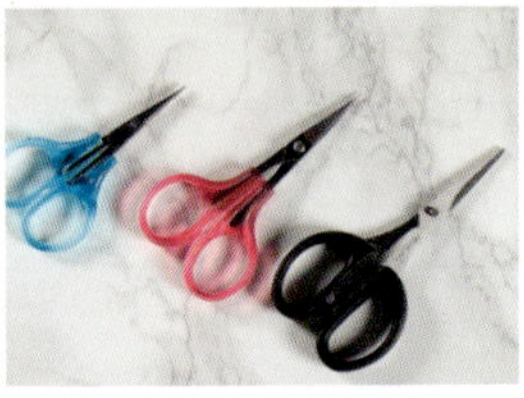	일반 가위보다 크기가 작고 뾰족한 가위이다.

	도구명	사진	설명
13	핀셋	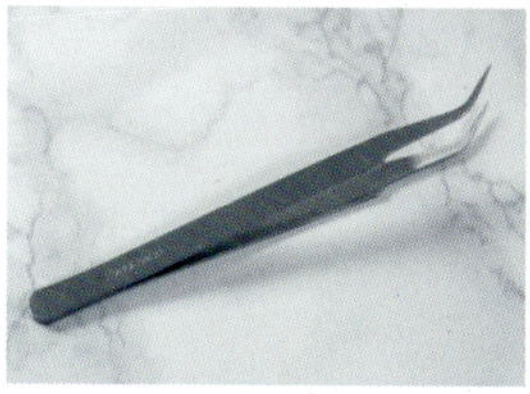	섬세한 작업을 하거나 작은 물건을 집을 때 사용한다.
14	철사(Wire)	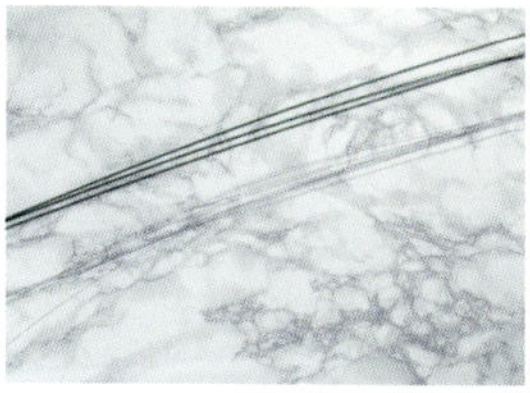	공예용으로 꽃을 만들거나 심대로 사용한다. 호수가 적을수록 굵은 철사이다.
15	플로랄 테이프		초록색이나 갈색으로 철사의 표면을 감싸는데 사용한다.
16	팔레트 나이프 (Palette Knife)		로열 아이싱의 기포를 빼주는 과정을 하거나 얇은 페이스트를 떼어낼 때 사용한다.
17	스무더 (Smoother)	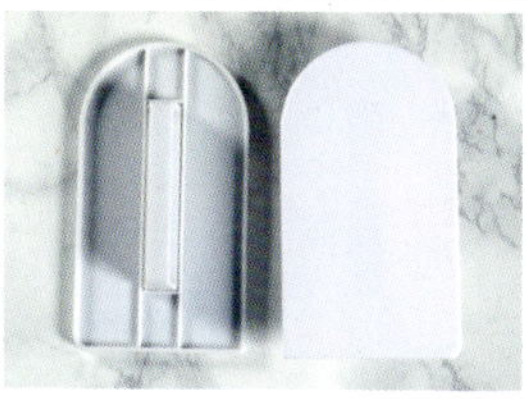	슈가 케이크의 표면을 매끈하게 만들어 줄 때 필요한 작은 판이다.
18	커터(Cutter)	 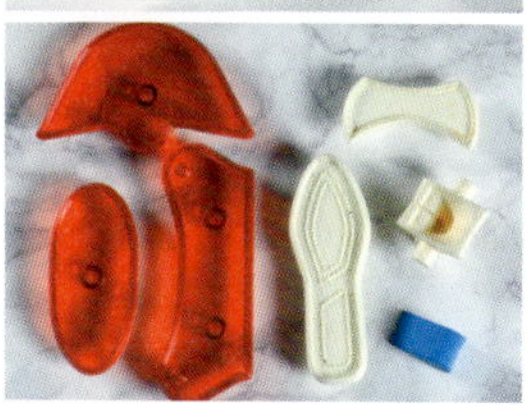	각종 꽃이나 잎의 모양을 찍어낼 때 사용한다.

	도구명	사진	설명
19	베이너 (Veiner)		각종 꽃잎이나 잎의 맥을 찍어낼 때 사용한다.
20	페이스트 컬러 (Paste Color)		슈가 반죽용 색소이다.
21	더스팅 파우더 (Dusting Powder)	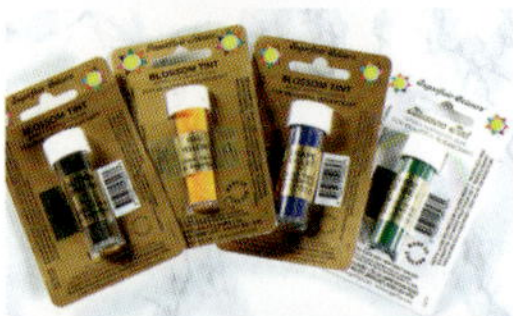 	꽃이나 잎 등을 그라데이션하거나 색칠할 때 쓰는 가루 색소이다.
22	붓	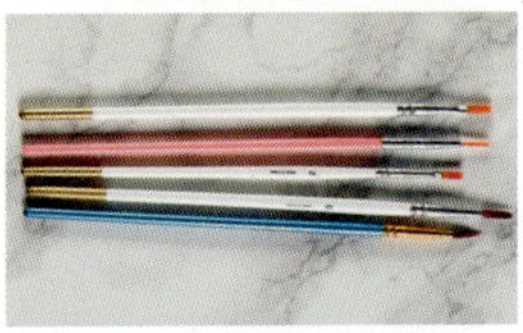 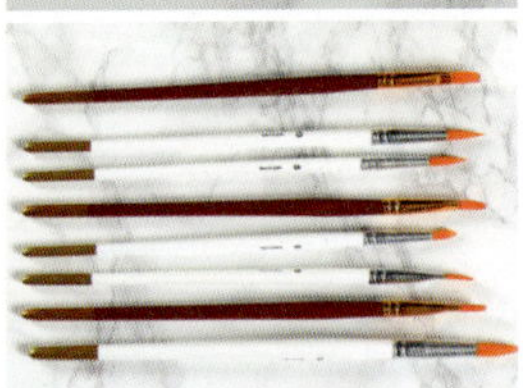	색을 더스팅 할 때 사용한다.
23	몰드(Mould)		슈가 반죽을 몰드에 넣어서 다양한 문양이나 모양을 찍어낼 때 사용한다.

	도구명	사진	설명
24	플로랄테이프 절단기		플로랄테이프를 2~4 가닥으로 쉽게 잘라주는 도구이다.
25	클림프	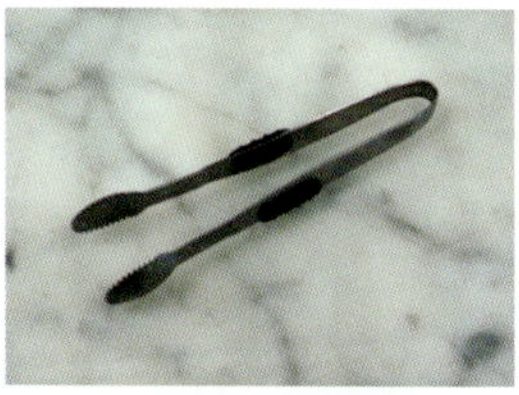	케이크 판 또는 가장자리에 무늬를 넣어주는 도구이다.
26	슈가건		슈가 반죽을 다양한 줄모양으로 뽑아낼 수 있는 도구이다.
27	짤주머니 거치대		로얄아이싱 파이핑을 할 때 스펀지를 물에 적셔놓고 모양 깍지 끝이 마르지 않게 할 수 있으며 짤주머니를 거치할 수 있다.
28	폼포드		꽃을 만들 때 와이어를 고정시킬 수 있다.
29	일자형보드		와이어가 관통되는 꽃잎을 만들 때 사용한다.
30	미끄럼방지 패드	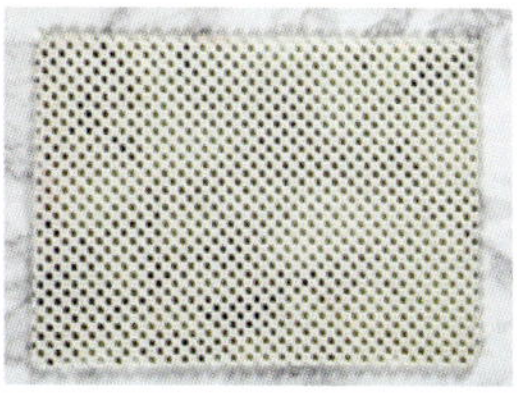	보드판이 미끄러지지 않게 받히는 역할을 한다.

Chapter 5. 플라워 만들기

1. 장미

슈가크래프트 플라워 중 가장 대중적이며 가장 심사에 많이 출연하는 꽃으로 대표적이라고 해도 과언이 아니다.

① 장미 컷터를 준비한다.

② 18호 와이어에 훅을걸고 반죽을 봉오리 모양으로 만든다.

③ 소자 컷터를 이용하여 봉오리에 바람개비 모양으로 접착 후 돌린다. 이때 3장의 잎이 배분이 잘 맞아야 균형된 장미를 만들 수 있다.

④ 소자 잎 컷터를 3겹~4겹 같은 방법으로 겹쳐 붙인다.

⑤ 2번째 장미잎 사이즈를 3장 붙인 후 옆을 말아 자연스러운 장미 모양을 연출한다. 항상 장미 잎을 붙일 때 접착물은 왼쪽에 바른다. 왼손잡이는 반대로 바르고 붙이는 방향도 반대로 해야 한다.

⑥ 3번째 사이즈 장미 잎 제일큰 마지막 잎을 한번 더 접착한다. 동일한 방법으로 한다.

⑦ 3번째 사이즈 장미 잎 제일큰 마지막 잎을 5장 준비하여 V자 모양으로 물을 바르고 U 자 모양으로 5장 붙인 후 오른손으로 V모양으로 말아 장미의 자연스러운 모양을 만든다.

⑧ 32호 가는 와이어에 소량의 반죽을 코팅시킨 후 보드판 홈에 맞추어 올려놓는다.

⑨ 소량의 반죽을 얇게 밀어 펴고 컷터를 찍는다.

⑩ V자로 말아 5개를 준비한다.

⑪ 5장을 플로랄테이프를 이용하여 한 송이로 엮어준다.

⑫ 꽃받침을 찍고 공예가위로 가위집을 준다.

⑬ 동그란 씨방을 붙여 장미를 완성한다.

2. 카네이션

스승의 날이나 어버이날 등 행사 때 꼭 필요한 심플 플라워이다. 활용도가 매우 높은 꽃이라 하겠다.

① 카네이션 컷터를 준비한다.

② 18호 와이어에 면봉크기 만큼 반죽을 씌운다.

③ 컷터로 3장을 준비하고 실키베이닝 툴로 자글자글 밀어 준다.

④ 가운데 물을 바르고 면봉모양 와이어를 꽃잎 가운데 넣고 반으로 접어 붙인다.

⑤ 1/3을 접어 붙이고 돌려서 반대로 나머지 1/3을 접착한 후 아랫부분을 두 손으로 꽉 잡아 아래를 통통하게 한다.

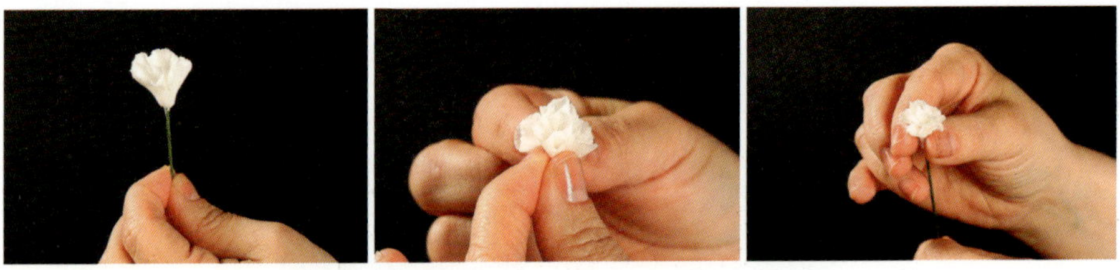

⑥ 2번째 잎부터는 바로 올려 붙인다. 3겹을 붙인다.

⑦ 꽃받침은 멕시칸 햇 기법으로 밀어편다.

⑧ 꽃받침 컷터를 찍고 붙힌다.

⑨ 카네이션을 완성한다.

⑩ 원하는 칼라로 더스팅한다.

3. 인동초

동양적인 느낌이 나며 나무과이다. 따라서 브라운으로 테이핑 해야 하는 꽃이다.

① 32호 와이어를 이용하여 꽃 수술을 3개 잡고 반으로 꺾은 다음 와이어를 'ㄱ' 자로 꺾어 꽃 수술의 1/2지점에 걸어 단단히 꼬아준 후 흰색 플로랄 테이프로 감아 둔다. 이때 꽃 수술 하나를 조금 빼내어서 수술의 길이를 어긋나게 한다.

② 소량의 반죽을 멕시칸 메소드 방법으로 셀스틱으로 밀어편 후 인동초 컷터를 찍어낸 다음 셀스틱의 동그란 뒷부분으로 안으로 말아서 곡선을 만든다.

③ 꽃수술을 넣을 부분을 셀스틱으로 홈을 주어 자연스러운 모양을 만든 후 꽃수술을 넣고 꽃받침 부분을 자연스럽게 만져준다.

④ 더스팅은 대체로 오버진 칼라로 끝부분만 칠해 준다.

⑤ 봉오리는 뾰족하고 길쭉하게 한 후 휠컷터로 6개의 홈을 내어준 후 꽃받침부분을 자연스럽게 빼준다. 꽃봉오리의 더스팅도 끝부분만 오버진으로 칠해준다.

4. 백합

청순하고 얼굴이 큰 꽃이다.

① 23호 와이어로 훅을 건다.

② 흰색의 반죽을 2번째 그림과 같이 모양을 만든다.

③ 핀셋으로 3등분한다.

④ 와이어를 살짝 구부린다.

⑤ 다른 와이어 하나를 준비하여 끝부분만 'ㄱ' 로 꺾는다. 5개

⑥ 소량의 노란 반죽을 양끝을 얇게 밀어 5번의 와이어에 손으로 고정한다.

⑦ ⑥번을 물에 담근 후 꺼내어 옐로우 슈거를 묻힌다.

⑧ ④ 암술 주위로 5개를 고루 배치하여 플로랄 테이프로 엮는다.

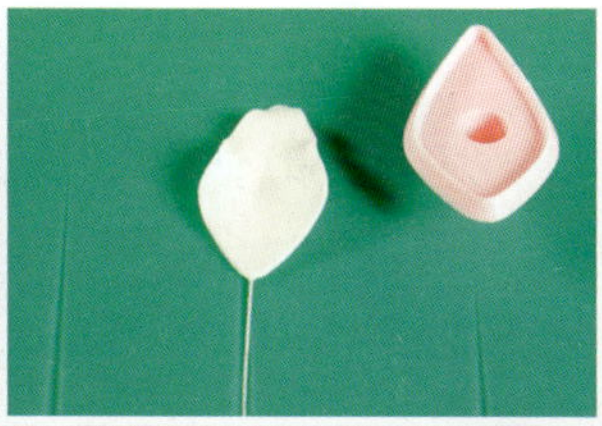
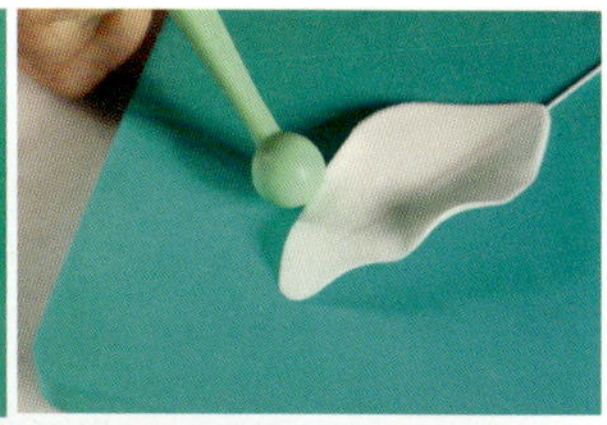
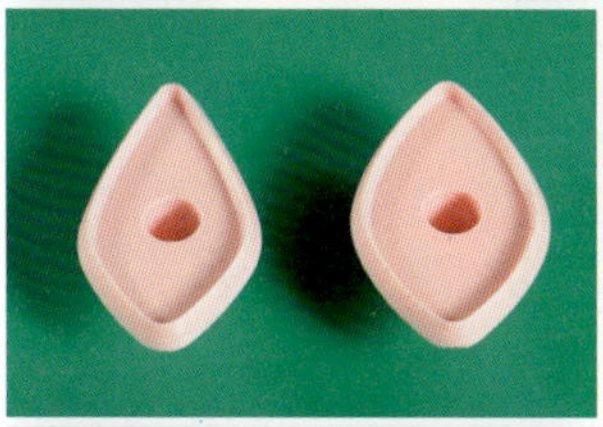

5. 스카비오사

하늘하늘하고 오묘한 꽃의 특징을 가지고 있는 매력적인 꽃이다.

① 8자 모양으로 꼰다. 가는 와이어를 8자가 만나는 부분에 걸어 단단히 맨 후 흰색 플로랄테이프로 감아준다.

② ①과 같이 3개를 만들어 한꺼번에 흰색 플로랄테이프로 엮는다.

③ 와이어에 작은 훅을 걸고 소량의 반죽을 동그랗게 입힌 후 핀셋으로 4등분 찝는다.

④ 화살표 모양의 커터로 와이어드 플라워 기법을 이용하여 찍어낸 후 실크베이닝툴로 주름을 잡는다, 대, 중, 소로 5장씩 만들어 ②, ③, ④를 모두 꽃모양으로 엮는다.

6. 알스트로미리아

알스트로미리아는 우리가 꽃집에서 흔히 볼 수 있는 꽃으로 심플하면서도 아름다움을 자랑한다.

① 알스트로미리아 커터를 준비한다.

② 꽃수술 3개를 잡고 반으로 접은 후 와이어로 감아준다. 그 후 흰색 플로랄테이프로 감싼다.

③ 작은 사이즈의 커터를 와이어드 플라워 기법으로 만든 후 꽃 칼라와 동일한 액상의 칼라로 선을 그어준다.

④ 큰 사이즈 커터를 와이어드 플라워 기법으로 만든다.

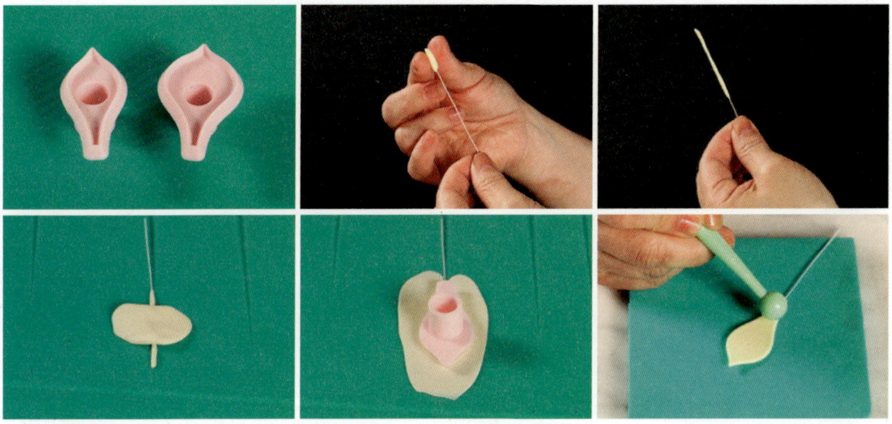

⑤ 작은 사이즈 3장, 큰 사이즈 3장을 동일한 방법으로 만든 후 작은 사이즈 3장을 먼저 엮고 그 사이사이 큰 사이즈로 감싸듯이 3 장을 엮는다.

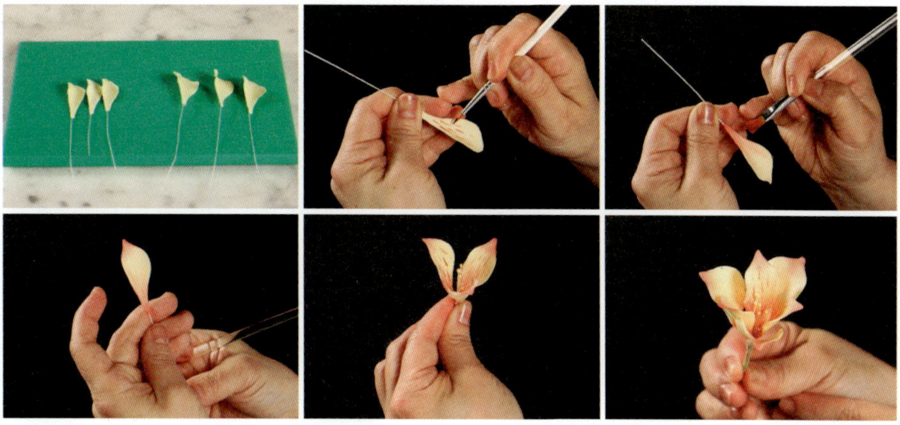

7. 라일락

아름다운 향기를 뽐내는 라일락은 여러 개의 작은 꽃이 모여 한 덩어리를 만들어 한송이를 표현한다.

① 첫 번째는 그냥 동그라미 모양으로 하여 휠 커터로 4등분 금을 그어 5개 정도 만든다. 풀드 플라워즈 기법으로 만든 후 동그란 셀 스틱 뒷부분으로 꼭꼭 눌러 옴폭하게 모여지는 모양을 5개 정도 만든다.

② 첫 번째는 많이 모이게 5개 정도 만든다.

③ ②보다 조금 더 핀 모양을 5개 만든다.

④ ③보다 조금 더 핀 모양을 5개 만든다.

⑤ 각각 5개를 핫도그 모양으로 풍성하게 엮는다. 이때 더스팅으로 칼라를 입혀도 좋다.

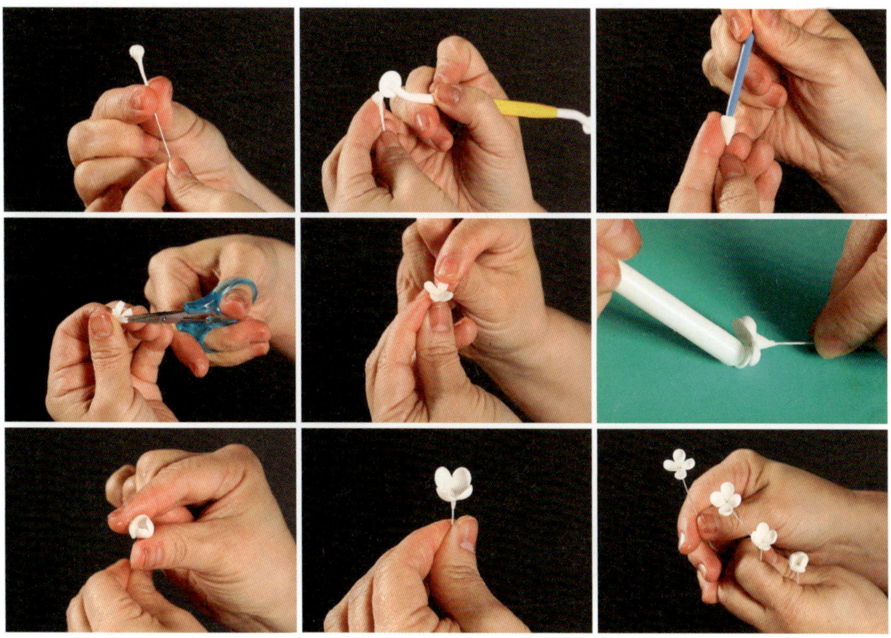

8. 시클라멘

동양적인 미를 풍기는 흔하지만 고급스러운 꽃이다. 특이하게 하늘을 보고 있는 꽃으로 마치 나비를 연상하게 한다.

① 시클라멘 커터를 준비한다.

② 물방울 모양으로 만든 다음 셀 스틱으로 홈을 만들어 항아리 모양이 나오게 한다. 18호 굵은 와이어를 스키훅을 걸고 항아리 모양의 가운데로 집어넣은 후 아주 소량의 반죽을 다시 항아리 모양에 넣고 셀 스틱으로 꼭꼭 누른다. 다른 꽃과는 달리 시클라멘은 이 시점에 꽃받침을 붙이고 브라운 플로랄 테이프로 와이어를 감싼다.

③ 갸름한 모양의 커터를 이용하여 찍어 잎을 만든 후 콤베이너에 무늬를 찍어낸다.

④ ③에 볼 툴로 가장자리 부분을 살짝 다듬는다.

⑤ ④와 같이 5개를 만들어 같은 방향으로 항아리 모양에 돌려가며 붙힌다. 손으로 밑 부분을 S자 모양으로 말아주어 시클라멘의 정형적인 모양을 만들어 준다.

⑥ ⑤와 같은 방법으로 여러개 만들어 원하는 칼라로 색칠한 후 꽃 아랫부분의 목을 꺾어 꽃이 역류하듯이 피는 모양으로 만든다.

9. 소국

작은 국화라는 의미로 잔잔한 꽃이며 소박하고 자연의 미를 표현하는 대표적인 꽃이라 해도 과언이 아니다.

① 소국 커터를 준비한다.

② 굵은 와이어를 스키 훅을 건다.

③ 꽃 심을 노란색으로 만들어 납작하게 한 후 체에 찍어 꽃심 모양을 만든다.

④ 좀더 큰 커터로 반죽을 도톰하게 밀고 찍어낸 후 가위로 2등분씩 자른다.

⑤ 등분한 잎을 실크 베이닝툴로 밀어편다.

⑥ 꽃심에 모아서 바짝 붙힌다.

⑦ 2번째 장까지는 ⑥과 같이 하고 마지막 3번째 장은 실크 베이닝 툴로 밀어편 후 가운데를 볼 툴로 늘려서 2장을 감싸듯이 마지막 3번째 장을 붙힌다.

⑧ 작은 사이즈 커터로 그린색 반죽을 밀어편 다음 2장을 찍어 어긋나게 꽃받침으로 붙힌다, 원하는 색상으로 더스팅해도 좋다.

10. 튜브로즈

열매가 주렁주렁 달린 듯한 꽃으로 꽃의 모양도 사뭇 세련된 자태를 자랑한다.

① 튜브로즈 커터를 준비한다.

② 튜브로즈는 멕시칸 메소드 기법으로 셀 스틱을 이용하여 반죽을 밀어 편다.

③ 꽃 수술 3개를 반 접어 와이어를 짧게 잡고 흰색 플로랄테이프로 감아준다.

④ ③ 모양으로 반죽을 덩어리로 만든 후 휠 커터로 5등분 홈을 낸다.

⑤ 소, 중, 대 커터를 이용하여 소형은 찍은 다음 작은 셀 스틱으로 안으로 당겨서 1장 만든다. 중형 커터도 소형과 동일하게 2장 만든다. 대형 커터는 찍어서 2장은 안으로 말고 3장은 밖으로 말아 자유로움을 연출한다.

⑥ 모스그린과 애그옐로로 더스팅을 한다. 열매 모양으로 만든 것은 크기 순서대로 어긋나게 엮는다.

⑦ 꽃수술을 잡고 소형을 먼저 붙이고 중형 2장을 붙인 후 마지막 대형을 붙여 작은 꽃 모양을 만든다. 이렇게 3송이를 작업한다.

⑧ ⑥ 아랫부분에 ⑦ 꽃을 엮는다.

⑨ 길고 고급스러운 튜브로즈 완성

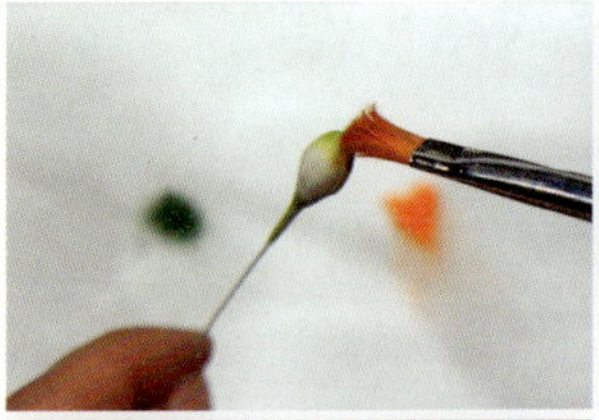

11. 수국

어디를 가나 풍성하게 몽글몽글 모여 나를 반기는 듯한 무리의 꽃 수국

① 가는 와이어를 조금 길게 잘라 여러 개 준비한다. 소량의 반죽을 훅을 건 와이어에 동그랗게 씌운 다음 핀셋으로 4번 찝는다.

② 물방울 모양으로 반죽을 만든 다음 셀 스틱으로 홈을 만든다.

③ 가위로 4등분한다. 그리고 손으로 잡아서 잎모양을 만든다.

④ 한 장씩 실크 베이닝 툴로 넓고 동그랗게 밀어편다.

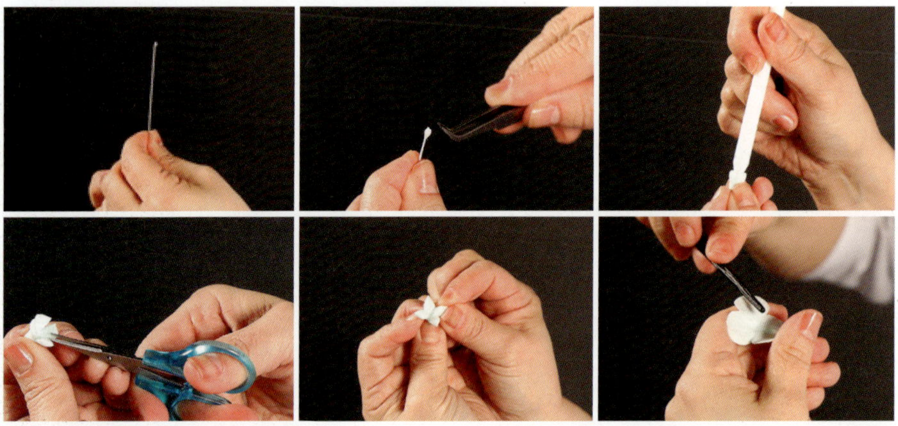

⑤ ④를 ①에 꼽는다.

⑥ 원하는 색으로 더스팅 한다.

⑦ 여러개를 만들어 와이어를 휘지 않게 넓고 둥그스름한 우산 모양같이 엮는다.

12. 양귀비

매혹적이고 독성을 가지고 있는 강렬한 꽃이다.

① 양귀비 본, 양귀비 커터가 있으나 초보자가 작업하기에는 사이즈가 커서 조금 줄인 사이즈를 만들었다.

② 굵은 와이어로 훅을 걸고 초록 반죽을 동그랗게 만들어 접착시킨 후 핀셋으로 8등분한다. 가운데 셀 스틱으로 중심을 누른다.

③ 검은 꽃수술 5개를 반으로 접어 와이어로 걸어서 감아준 후 흰색 플로랄 테이프로 다시 감는다, 12개 정도 만든다.

④ 수술을 ②에 돌려가며 빼곡히 엮는다.

⑤ 양귀비 본을 이용하여 반죽을 얇게 밀어펴고 와이어드 플라워 기법을 이용하여 잎을 만든다. 실크 베이닝 툴을 이용해서 주름을 자글자글 준다, 검은색 액상 칼라로 붓을 이용하여 선을 그어준다. 이렇게 4장 만든다.

⑥ ④에 잎 4장을 돌려가며 엮어준다.

⑦ 봉오리가 있다면 봉오리 먼저 엮고 내려 오면서 잎과 꽃을 보기 좋게 엮는다. 양귀비는 길게 높이 피는 꽃이므로 어레인지 할 때도 되도록 길쭉길쭉하게 케이크 장식을 한다.

⑧ 만약 다른 색상을 하고 싶다면 수술이나 칠을 다른 색으로 선택해도 무방하다.

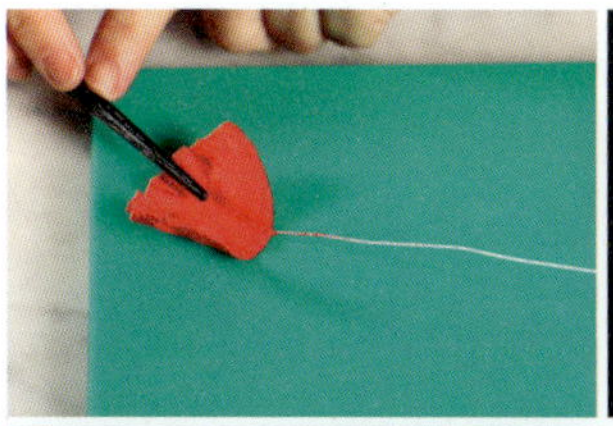

13. 후리지아

유치원이나 초등학교 졸업식에 꽃다발로 많이 등장하는 꽃으로 귀엽고 새로운 시작을 의미하는 희망의 꽃이라고 생각한다.

① 수술 3개를 접고 반으로 접은 후 와이어를 걸어 감고 흰색 플로랄 테이프로 말아준다.

② 물방울 모양으로 만든 다음 셀 스틱으로 홈을 내고 가위로 6등분한다.

③ 손으로 꼭꼭 만져준 다음 실크 베이닝 툴로 6장을 하나씩 밀어펴 준다.

④ 하나씩 잎을 모우고 나머지 3장을 사이사이 감싸듯이 오무린 다음 수술을 가운데 꼽는다. 자연스러운 모양을 잡아준다.

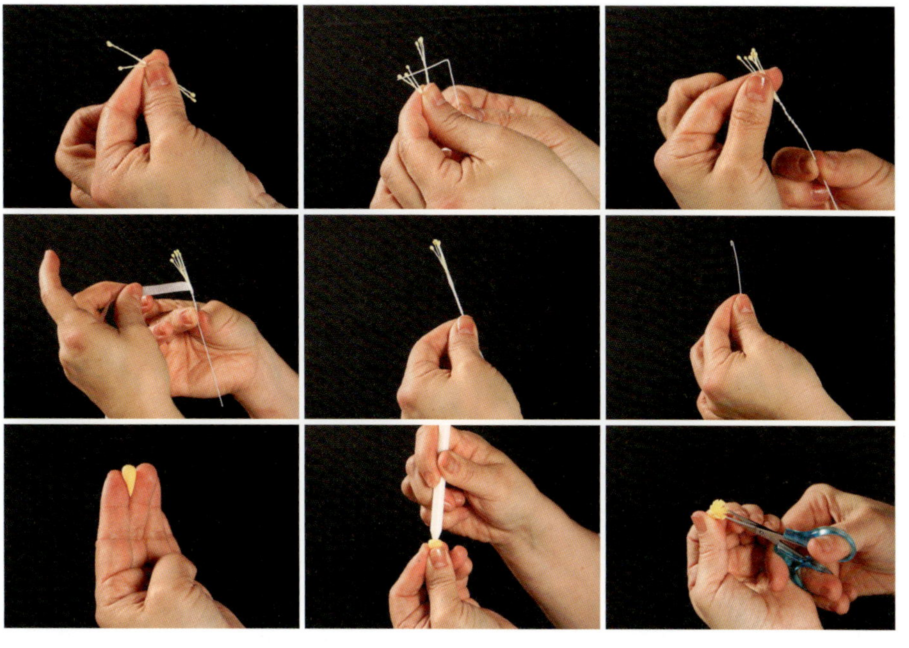

14. 차이니즈 자스민

희고 잔잔하며 필러로 사용하기에 아주 적합한 사랑스러운 꽃이다.

① 가는 와이어에 훅을 걸고 소량의 반죽을 넣고 위는 조금 뾰족하게 아래는 목이 길게 만든다. 휠 커터로 5등분 홈을 낸다. 아랫 부분에 꽃받침 대신 가위집을 넣는다

② 물방울을 만든 후 셀 스틱으로 홈을 내고 가위로 5등분한다.

③ 손으로 잎을 만진 후 실크 베이닝 툴로 밀어펴고 훅을 건 와이어를 가운데 꼽고 목을 길게 한다. 그리고 잎은 끝을 아주 조금 손으로 찝는다.

④ 아랫부분에 꽃받침 대신 가위집을 넣는다.

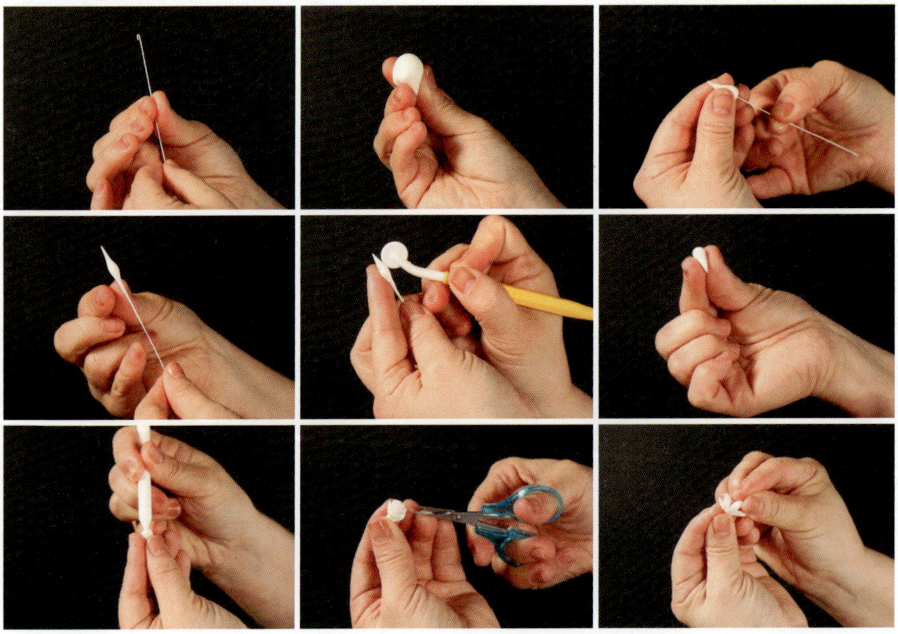

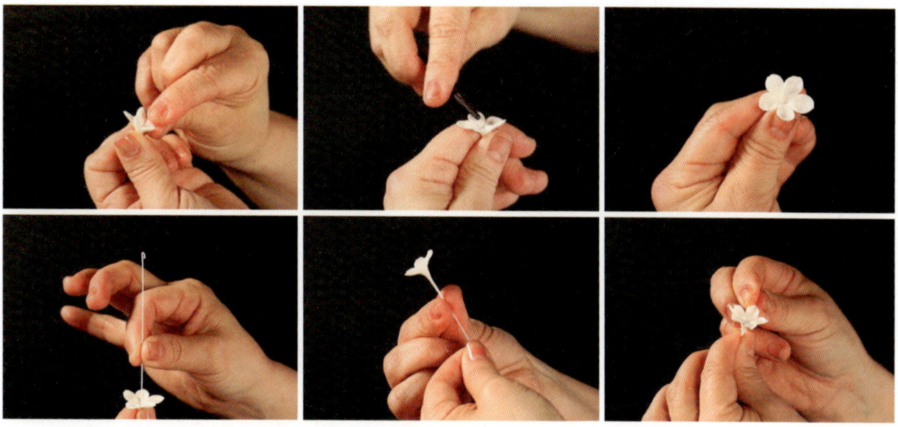

⑤ ①과 같이 3개를 만든다.

⑥ 풀드 플라워즈 기법을 이용하여 만든 여러 개의 꽃을 봉오리가 위로 오게 차례로 엮고 꽃 또한 아래로 순차적으로 엮는다.

15. 심비디움

꽃의 이름처럼 무언가 신비로 울 것 같은 오묘한 매력을 발산하는 꽃이다.

① 심비디움 봉오리 커터를 준비한다.

② 심비디움 잎 커터를 준비한다.

③ 와이어로 훅을 건다.

④ 반죽을 갸름하고 통통하게 한 후 셀 스틱 동그란 부분으로 홈을 깊이 낸다.

⑤ ④를 훅을 건 굵은 와이어에 꼽고 만든 후 윗부분을 구부려 인사하는 모양으로 만든다.

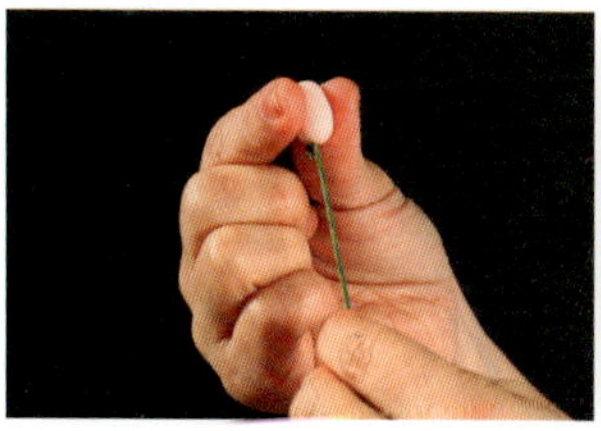
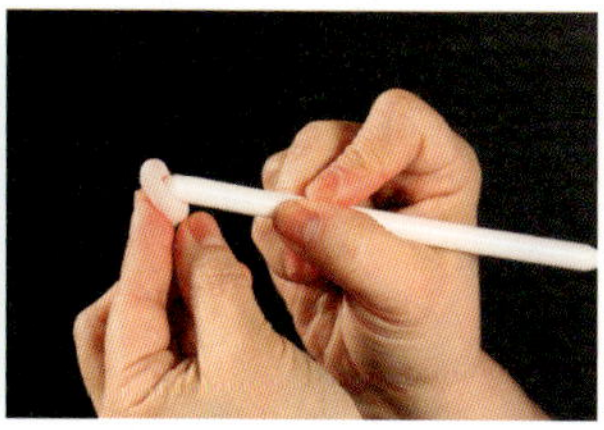
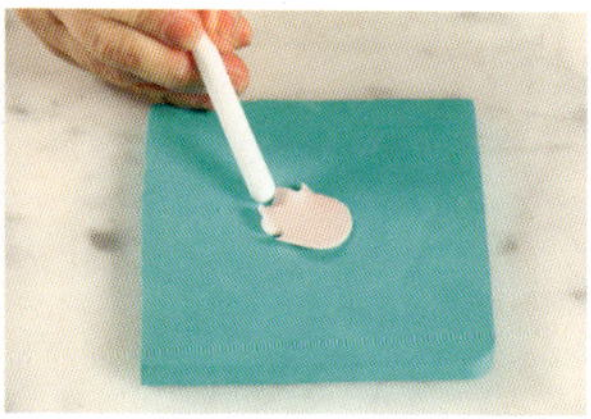

⑥ 첫 번째 봉오리 커터를 사용하여 밀어편 얇은 반죽 위에 찍고 볼 툴로 가장자리를 밀어준다.

⑦ ⑥ 가운데 부분에 쌀 크기의 반죽을 얹고 이쑤시개로 반을 누르며 접착한다.

⑧ ⑦을 ⑤에 U자 모양으로 붙이고 자연스러운 모양을 잡아준다.

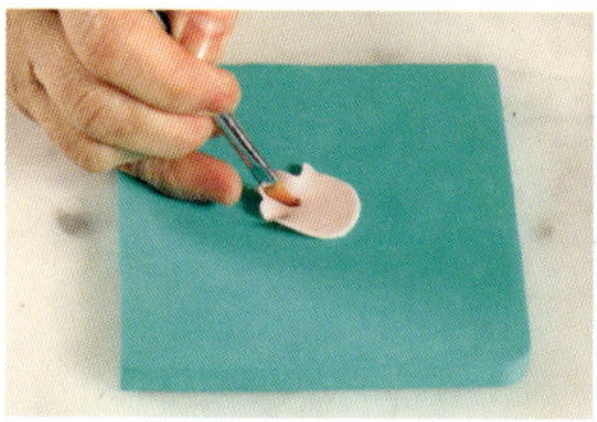

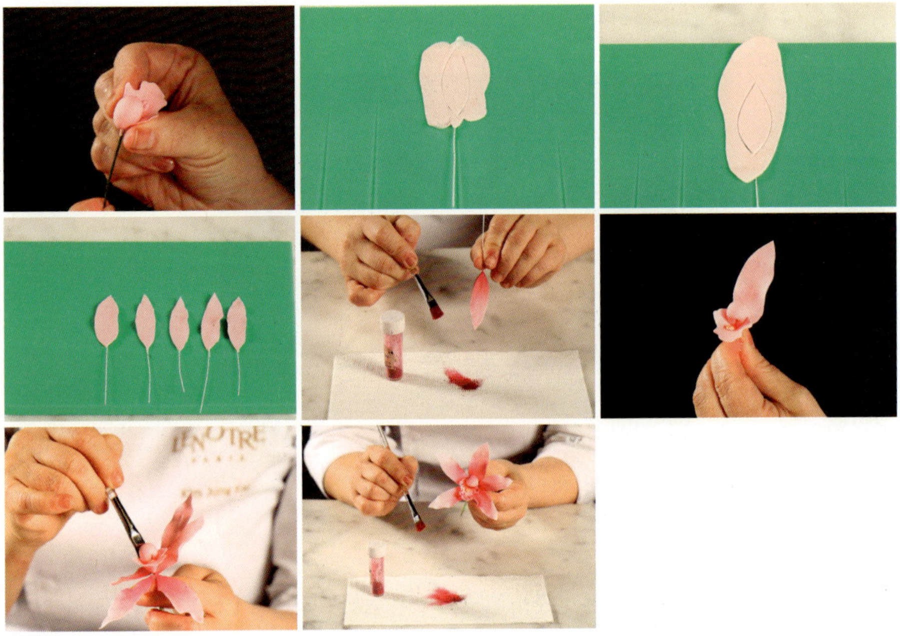

⑨ 원하는 칼라로 더스팅 한다.

⑩ 잎 커터로 와이어드 플라워 기법을 이용하여 2장, 1장, 2장 각각 다른 모양의 커터를 찍는다.

⑪ 통통한 잎 모양은 봉오리 커터를 붙인 곳을 마주보게 하는 반대편 중심에 엮고 아랫부분이 파인 부분을 각각 바깥쪽으로 하여 ⑩에 나열된 모양으로 하나씩 엮는다,

⑫ ⑪ 까지는 커터를 이용하였으나 사실은 커터 이용시 약간의 둔탁함이 있어서 노란 꽃은 직접 자른 모양으로 만들어 보았다. 색상은 한 꽃에서 통일감 있게 한가지를 선택하여 더스팅하고 액상 칼라로 점 표현도 한다.

16. 벚꽃

봄을 상징하는 사랑스러운 벚꽃은 사람의 마음을 들뜨게 하는 매력을 가졌다.

① 벚꽃 커터를 준비한다.

② 실을 손가락 두 개에 3~5바퀴 돌린 후 8자로 꼰다.

③ ②를 가는 와이어에 걸고 동여맨 후 흰색 플로랄 테이프로 감아준 후 짧게 가위로 자른다.

④ 끝 부분을 아주 조금 색상을 묻힌다.

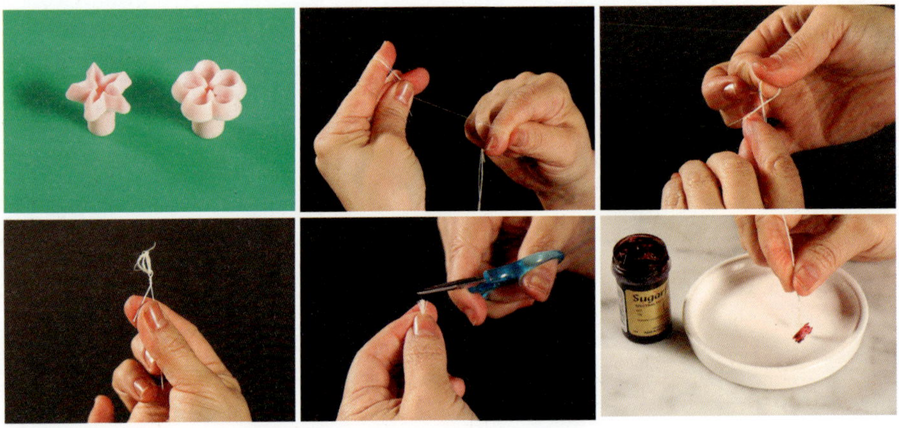

⑤ 멕시칸 메소드 기법으로 밀어편다.

⑥ 벚꽃 커터를 찍는다.

⑦ 가장자리 부분을 작은 볼 툴로 자글자글 밀어편다.

⑧ 5장을 모두 밀어편다.

⑨ 만들어둔 수술에 꽂는다. 첫장은 많이 오므린다.

⑩ ⑧과 같이 한 잎을 ⑨에 한겹 더 붙인다. 작은 꽃받침 커터를 이용하여 물로 꽃받침을 붙인다.

⑪ 위에서부터 조금씩 내려가며 보기 좋게 엮거나 장식할 공간에 맞추어 모양을 잡아 엮는다.

17. 거베라

흔히 화환에 많이 등장하는 꽃으로 심플하고 머리가 큰 꽃이다

① 거베라 커터

② 굵은 와이어로 훅을 걸고 반죽을 동그랗게 하여 꽂은 다음 손으로 납작하게 만들어 잘게 가위집을 넣는다,

③ 카네이션 커터를 이용하여 3장 찍고 실크 베이닝 툴로 주름을 잘게 준다.

④ 약간 도톰하게 반죽을 밀고 거베라 커터를 찍은 후 실크 베이닝 툴로 잎 하나당 하나씩 밀어 편다. 이것을 두 장하여 한 장은 물을 첨가한 반죽을 으깨어 슈퍼글루 접착하고 2번째 장은 볼 툴로 가운데를 밀어 늘려준 다음 슈퍼글루로 접착한다.

⑤ 가위집을 넣은 봉오리에 카네이션 커터로 찍은 잎 3장을 차례로 붙이고 거베라 커터를 2장 또한 차례대로 붙인다. 마지막 거베라 잎만 가운데를 늘려주고 붙이는 것을 잊지 않아야 한다.

⑥ 거베라는 줄기가 굵은 꽃이므로 굵은 와이어에 휴지로 한번 감고 녹색 플로랄 테이프로 2번 감아 굵은 줄기를 표현한다.

18. 카라

순수를 뜻하는 꽃말로 인해 웨딩부케에 많이 사용되는 단아한 꽃이다.

① 굵은 와이어에 훅을 건다.

② 연한 옐로 칼라 반죽으로 밑이 통통하게 카라꽃 속을 만든다.

③ 반죽을 조금 때어내어 물을 첨가해 손으로 계속 주물러 슈퍼글루를 만든다.

④ 만든 슈퍼글루를 밑에 동그란 부분을 제외한 모든 부분에 펴 발라 옐로 슈가를 묻인다.

⑤ 약간 도톰하게 반죽을 밀어 카라 모양 잎을 오려낸다. 그리고 윗부분만 롤링 핀으로 살짝씩 밀어 자연스러운 잎모양을 만들어 준다.

⑥ 콘베이너를 찍어 잎의 결을 낸다.

⑦ 가장자리 부분을 볼 툴로 밀어준다.

⑧ 통통한 아랫부분에 슈퍼글루를 발라 카라 꽃속 동그란 부분을 놓고 김밥 말 듯이 말아 접착한다. 그리고 손으로 잎 가장자리 부분을 밖으로 말아펴서 자연스러운 카라의 모양을 잡아준다.

19. 개나리

봄을 상징하는 깜찍한 개나리는 메인으로 사용하기보다는 필러로 많이 사용한다.

① 가는 와이어에 아주 소량의 반죽을 넣고 휠 커터로 일자 홈을 낸다.

② 작은 물방울 모양으로 만들어 작은 셀 스틱으로 홈을 내고 가위로 4등분 한다.

③ 손으로 만진 후 실크 베이닝 툴로 밀어펴고 밖으로 뒤집어 찝어 준다.

④ 개나리는 나무과이므로 브라운으로 테이핑하고 원하는 모양으로 엮어준다.

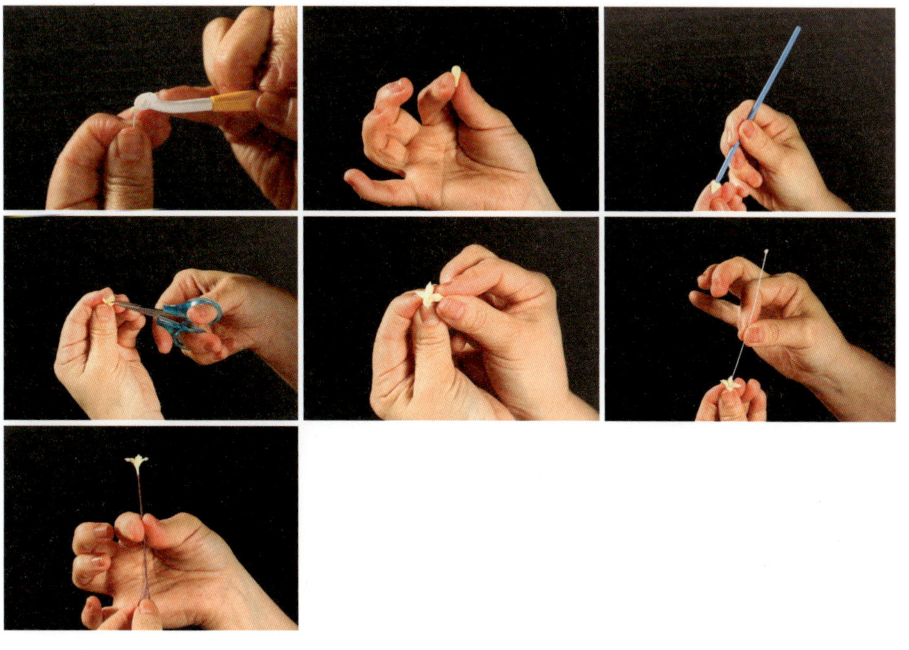

20. 모란

얇은 잎이 여러겹으로 쌓여 있어 아주 화려하며 큰 꽃이다.

① 모란 커터를 준비한다.

② 가는 와이어에 초록 반죽을 길고 둥글게 민 다음 윗부분을 뾰족하게 하고 두 손으로 삼각형 모양을 만든 다음 모서리 부분을 향하여 꼭대기 얇은 부분에서부터 밖으로 말아준다. 3 개 준비한다.

③ 슈퍼글루를 이용하여 3개를 서로 모아 붙인다.

④ 수술 5개를 반 접어 와이어를 걸어 플로랄 테이프로 감아준다. 약 20개 가량 준비한다. 아니면 흰색 가는 와이어에 노란 반죽을 아주 소량씩 붙여 수술을 만들어도 무방하다.

⑤ 대, 중, 소 커터를 이용하여 와이어드 플라워 기법으로 5장, 10장, 10장 만든다.

⑥ 커터로 찍어낸 잎은 실크 베이닝 툴로 잘게 주름을 준다.

⑦ 녹색 암술과 주위의 노란 꽃 수술을 둘러 엮은 다음 소형 잎을 5장을 한겹으로 2겹 엮고 중형 잎 또한 5장씩 2겹 엮은 다음 마지막 대형 잎 5장으로 엮어 모란을 완성한다.

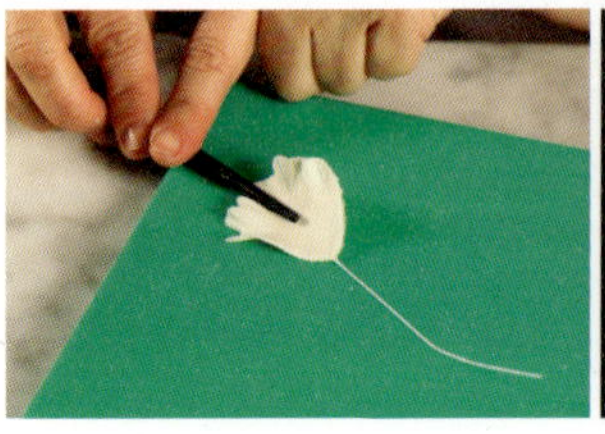  

21. 은방울꽃

숲속의 이슬이 맺힌 은방울꽃이 상상되며 작고 금방이라도 영롱한 소리가 날 것 같은 신비한 꽃이다.

① 은방울 커터를 이용하여 멕시칸 메소드 기법으로 찍어낸다. 스펀지 패드 위에서 잎을 작은볼 툴로 끌어당겨 잎 모양을 만든다. 꽃 중앙에 작은 셀 스틱으로 홈을 내고 가는 와이어에 스키 훅을 건 다음 중심부에 꽂아 꽃을 완성한다.

② 가는 와이어에 아주작은 동그라미부터 조금 큰 순서대로 5개 정도 만든 다음 목을 구부려 작은 순서부터 큰 순서대로 순차적으로 엮는다.

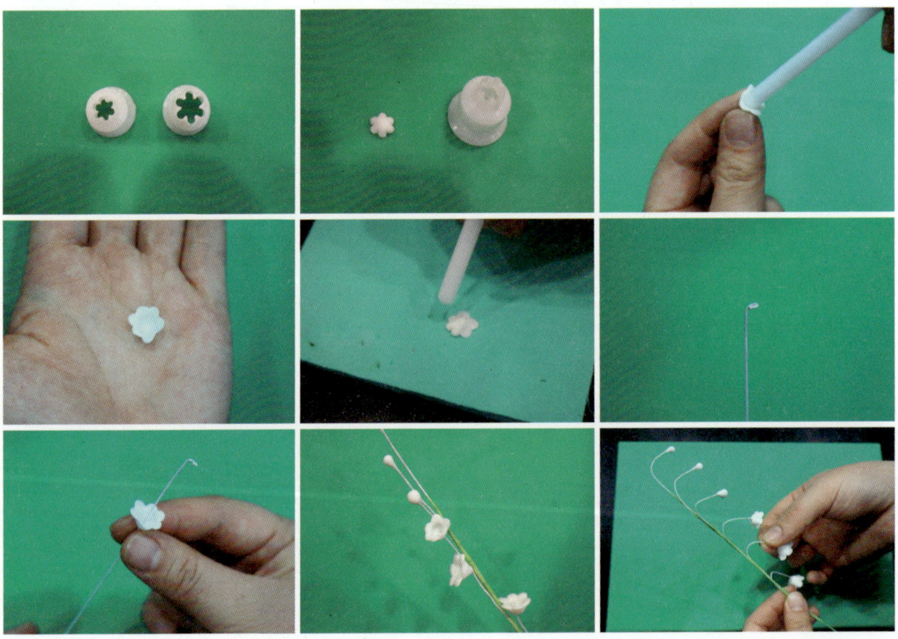

22. 포인세티아

크리스마스의 대표적인 꽃으로 아주 화려하며 크기 또한 크다.

① 포인세티아 커터를 준비한다.

② 많은 커터의 종류중에 제일 큰 사이즈는 녹색으로 5장 만든다. 그 후 제일 큰 사이즈를 뺀 나머지로 작은 사이즈부터 하나씩 골라 4장을 선택한다.

③ 암술은 소, 중, 대 크기로 먼저 초록색으로 밑을 장식하고 크리스마스 레드로 반원을 붙인 다음 에그 옐로 칼라를 이용하여 아주 작은 쌀알 크기를 1~2개 접착한 후 휠 커터로 가운데 일자 홈을 만든다.

④ 선택한 포인세티아 커터를 와이어드 플라워 기법으로 만든 다음 목을 한번 더 손보아 길게 한다.

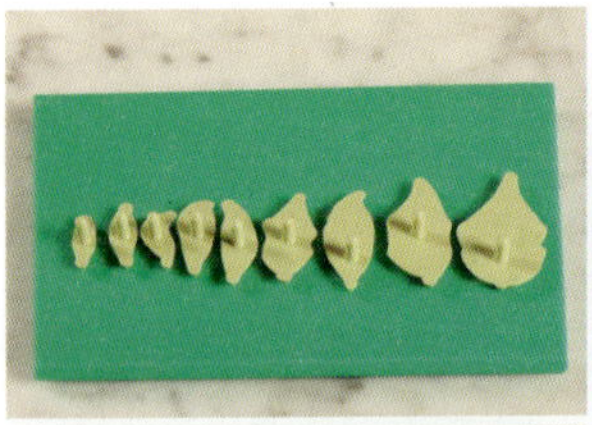

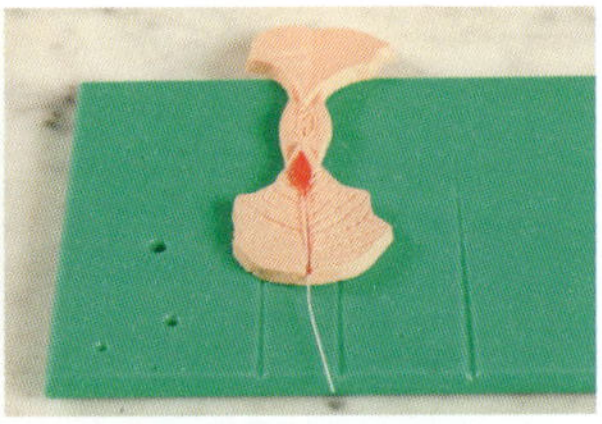

⑤ 암술 한 대씩 잡아 순차적으로 일자로부터 녹색 큰 잎까지 차례로 엮는다.

⑥ 3개 모두 동일하게 한다. 단 잎 3개의 높이가 동일해야 한다.

⑦ 3대를 하나씩 모아서 엮어준다.

⑧ 모아 엮은 다음 잎을 옆으로 이동시켜 펼쳐 꽃 모양을 만들어 완성한다.

23. 스위트피

스위트피는 일명 콩꽃이라 하며 콩을 품고 있다고 하여 그렇게 부른다. 크지 않은 꽃이다.

① 32게이지 와이어를 훅 건다.
② 소량의 반죽을 떼어내어 바둑알 모양으로 테두리를 얇게 손으로 누른 다음 ① 게이지에 고정시킨다.
③ 스위트피 커터로 찍은 후 볼툴로 컷팅 부분을 다듬고 전체적으로 얇게 물을 발라 사진과 같이 ②를 접착시킨다.
④ 2번째 커터를 찍어낸 후 셀스틱 둥근 부분으로 웨이브를 주고 목부분에 물칠을 얇게 한 후 사진과 같이 접착시킨다.
⑤ 세 번째 커터도 동일하게 작업한다.
⑥ 소형 꽃받침 커터로 찍고 스위트피 꽃 아래에 접착한다.

24. 콘플라워

아주 작은 자스민과 같은 꽃이 여러 개 모여 이루어진 덩어리 꽃이다. 꽃받침에 가위집을 넣는 것이 특징이다.

① 흰색 가는 실을 손가락 세 개에 7번 감고 팔자로 꼬은 후 반 접어 32게이지를 걸어 단단히 꼬아 흰색 플로랄 테이프로 감는다. 7개정도

② 소량의 반죽을 떼어내어 작은 셀스틱으로 홈을 주고 가위로 6등분 후 손으로 꼭꼭 눌러 꽃잎 모양으로 만들고 셀스틱으로 밀어 펴 6장의 꽃 모양을 만든다. 여러개, 약 15~20개

③ 실로 만든 수술을 작은 꽃과 함께 곳곳에 흩어 엮는다.

④ 초록색 반죽을 물방울 모양으로 만들어 ③에 꼽아 자연스럽게 꽃받침을 만들고 공예가위로 가위집을 넣는다.

25. 줄기와 잎

플라워를 만들 때 사용되는 다양한 잎들 중 대표적인 것을 소개하고자 한다.

1. 줄기

① 반 자른 플로랄 테이프를 공예 가위로 3등분한다.

② 32게이지 와이어에 감아주고 3등분한 부분은 손으로 단단히 꼬아준다.

③ 이쑤시개에 감아 꼬인 모양을 만든다.

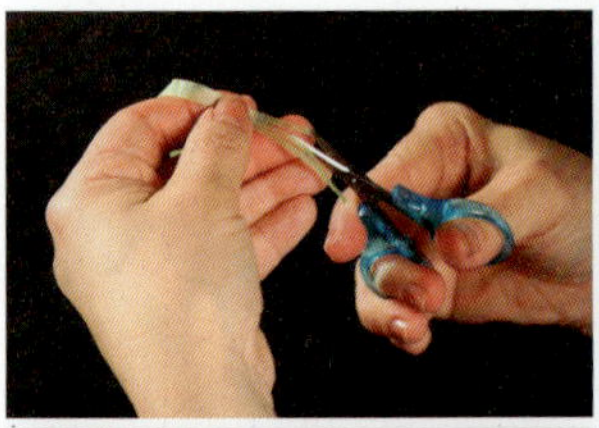
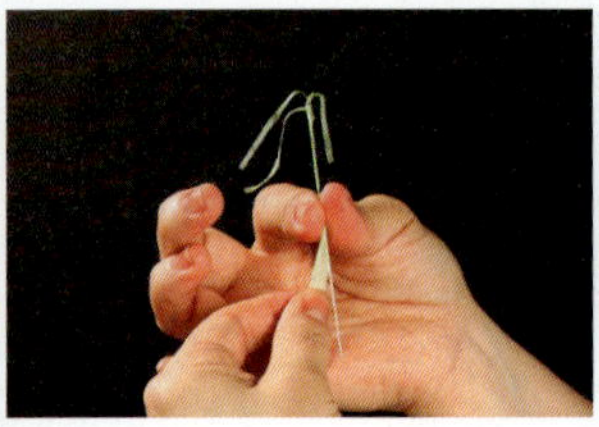
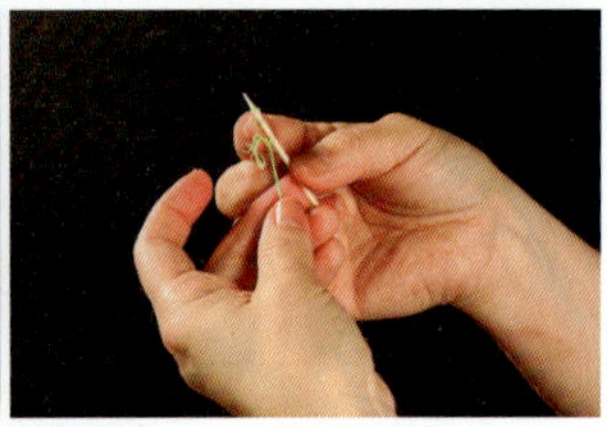
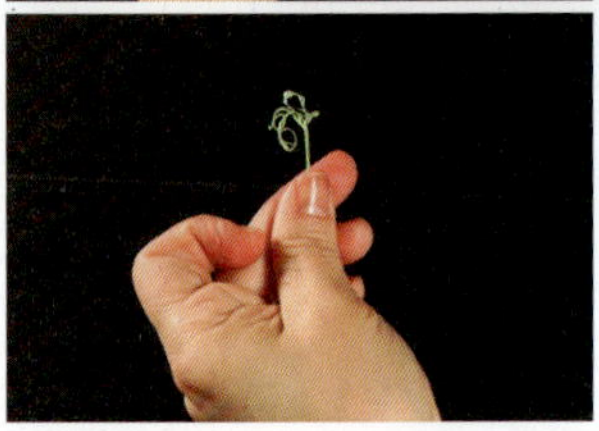

2. 장미 잎

반드시 머리, 팔, 팔, 다리, 다리 순으로 엮으며 잎이 줄기에 딱 붙어 있어야 한다. 세 장 또는 다섯 장으로 구성한다. 가장 대표적이며 가장 많이 쓰이는 잎이다.

① 와이어드 플라워 기법으로 장미잎을 찍어낸 후 장미잎 베이너에 잎무늬를 찍고 볼툴로 자연스러운 웨이브를 잡아준다.

② 손으로 다시 한 번 모양을 잡는다.

③ 3개 또는 5개로 와이어가 보이지 않게 목부분에 꼭 잡아 엮는다.

3. 모란 잎

카네이션이나 알스트로미리아 잎과 같이 길쭉하게 만들어 가위로 잎의 곡선을 잘 지키며 홈을 만들어 준 다음 세 장을 각각 한꺼번에 엮은 것이 한 잎으로 구성된다.

4. 카네이션, 알스트로미리아, 스위트피 잎

다양하게 사용되는 일반적인 잎이다. 플라워를 어레인지할 때 무난하게 사용할 수 있다.

① 와이어드 플라워 기법으로 소량의 반죽을 와이어에 고팅시키고 반죽을 밀어 펴 휠커터로 갸름한 모양으로 잎을 자른다.
② 콘베이너에 잎맥 모양을 찍고 볼툴로 자연스러운 쉐입을 잡는다.
③ 필요한 만큼의 개수를 만들어 조화롭게 엮는다.

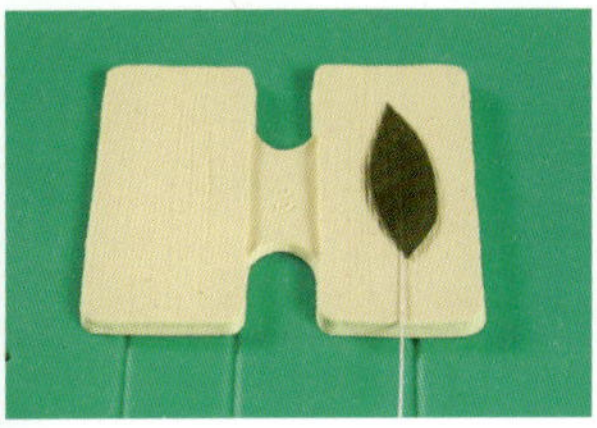

5. 거베라 잎

거베라 잎이라고 하지만 꽃꽂이에서 접어 사용하는 커다란 열대잎 종류의 하나이다. 일반적인 잎 모양과 달라 새로운 분위기를 만들어낼 수 있다.

① 18호 와이어를 보드판 가운데에 홈에 길게 페인 곳에 놓고 반죽을 올려 밀어 편다.
② 휠커터로 직사각형 모양으로 자르고 육각형 모양으로 만든다.
③ 콘베이너로 찍어 잎의 무늬를 찍어준다.
④ 와이어의 양 끝을 손으로 잡고 모아 하나로 테이핑한다
⑤ 필요에 따라 더스팅도 한다.

6. 수국 잎

손바닥만한 커다란 잎으로 깻잎 모양을 닮았다.

26. 솔방울

가을을 상징하는 솔방울

① 솔방울 커터 굵은 와이어에 브라운 반죽을 얇게 코팅한 후 작은 사이즈부터 찍어내서 윗부분부터 접착하고 남는 부분은 가위로 잘라 내면서 점차적으로 내려서 반복적으로 붙 인다.

② 솔방울의 모양이 나오면 정지한다.

27. 도토리

다람쥐하면 생각나는 도토리

① 브라운 반죽을 참외 모양처럼 만든 다음 휠 커터로 4등분 홈을 내고 꼭대기 부분 만나는 지점에 핀셋으로 찝어서 꼭지를 만든다.

② 소량의 브라운 반죽을 동그랗게 한 다음 셀 스틱 뒷부분 동그란 부분으로 홈을 파고 스키 훅을 건 굵은 와이어를 가운데 넣은 다음 소량의 반죽을 넣고 스키 훅을 가려준다. 겉 부분을 가위로 여러 번 가위집을 넣어 도토리 껍질도 만든다.

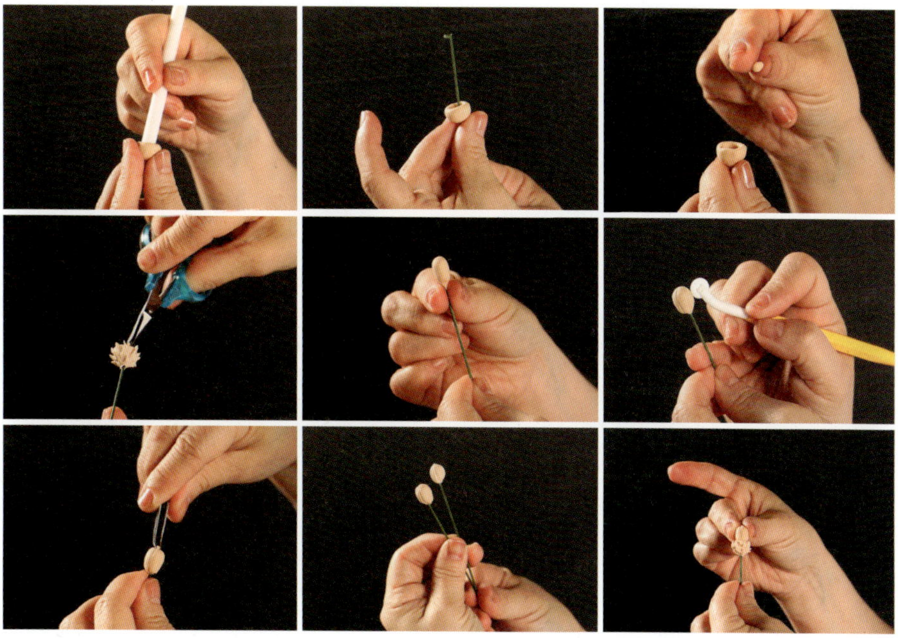

작품사진

작품 사진은 학생들과 함께 수업한 사진과 대회에 참가한 사진,
그간 모은 작품 사진들로 구성하였습니다.

DEEP
IN MY SO

BHU

BAKERY
OPEN

Merry
Christmas

기출문제

기출문제 제1회

1. 플라워 페이스트에 탄력성을 부여하기 첨가하는 가장 중요한 재료는?
   ① 물엿 ② 달걀흰자
   ③ 분당 ④ CMC

2. 반죽 제조시 레몬즙을 첨가하는 이유는?
   ① 반죽이 분리되는 것을 방지하기 위함
   ② 변색을 막기 위함
   ③ 반죽 색을 희게 만들기 위함
   ④ 반죽의 보관을 더 용이하게 하기 위함

3. 반죽의 되기 조절을 위해 첨가하는 재료로 올바르지 않은 것은?
   ① 레몬즙 ② 전분
   ③ 액상 달걀흰자 ④ 물엿

4. 다음 중 식품첨가물의 용도로 사용하는 것이 아닌 것은?
   ① 발효제 ② 호료4
   ③ 이형제 ④ 살균제

5. 경구 전염병을 예방하는 방법으로 잘못된 것은?
   ① 식품은 상온에서 보관하며 사용한다.
   ② 백신을 접종한다.
   ③ 엄격한 검역 절차를 거친다.
   ④ 쥐, 바퀴벌레 등의 침투를 막는다.

6. 개나리는 어떤 기법을 이용하여 만드는가?
   ① 프릴 기법
   ② 와이어드 플라워 기법
   ③ 멕시칸 햇 기법
   ④ 풀드 플라워 기법

7. 다음 중 청색의 특징으로 옳지 않은 것은?
   ① 순색에 회색을 넣으면 암청색이 된다.
   ② 채도가 가장 높은 색은 청색이다.
   ③ 순색에 흰색을 넣으면 명청색이 된다.
   ④ 순색에 검정색을 넣으면 암청색이 된다.

8. 멕시칸 햇 기법을 이용하여 만드는 꽃은?
   ① 양귀비 ② 자스민
   ③ 벚꽃 ④ 라일락

9. 꽃을 만들 때 꽃술을 만들지 않아도 되는 꽃은?
   ① 개나리 ② 튜브로즈
   ③ 라일락 ④ 포인세티아

10. 더스팅 작업을 할 때 꽃잎에 색소가 얼룩덜룩하게 나오는 현상이 발생하였는데 이 이유는 무엇인가?
    ① 색소의 양이 너무 적어서
    ② 반죽의 표면이 거칠어서
    ③ 꽃잎이 건조해서
    ④ 반죽이 매끈해서

11. 베이너 사용시에 무늬가 선명하게 찍히지 않은 원인으로 올바르지 않은 것은?
① 너무 약하게 힘을 주었을 때
② 반죽이 너무 딱딱해서
③ 반죽이 질어서
④ 반죽의 두께가 얇아서

12. 개인위생관리에서 머리카락을 정돈하는 방법으로 잘못된 것은?
① 긴 머리카락은 위로 올려 묶는다.
② 머리는 주기적으로 감는다.
③ 상시 모자를 머리에 쓴다.
④ 상시 모자를 쓸 필요는 없다.

13. 맥시칸 햇 기법을 이용하여 만들 수 있는 꽃은?
① 튜브로즈 ② 장미
③ 백합 ④ 수국

14. 와이어드 플라워 기법으로 꽃을 만들 때 주의사항으로 올바르지 않은 것은?
① 철사는 튀지 않도록 조심히 자른다.
② 철사를 반죽에 쉽게 끼우기 위하여 침을 살짝 바른다.
③ 철사가 움직이지 않게 보드에 철사 끼운 반죽을 잘 고정한 후에 밀어 편다.
④ 반죽 사이에 철사가 살짝 튀어나와도 상관없이 계속 진행한다.

15. 슈가 도구에 반죽이 들러붙는 주된 이유가 아닌 것은 무엇인가?
① 건조되고 긁힌 보드
② 청결치 못한 도구
③ 진 반죽
④ 작업하기 은 플라워 페이스트

16. 다음 중 인체에 해로운 합성 착색료는?
① 포르말린(formalin)
② 사이클라메이트(cyclamate)
③ 둘신(dulcin)
④ 아우라민(auramine)

17. 개인위생관리에서 피부에 상처가 생기거나 뾰루지가 났을 때 활용할 방법은?
① 환부는 안이 보이는 빨간색 드레싱을 사용해 상처부위를 덮어야 한다.
② 환부는 안이 보이는 파란색 드레싱을 사용해 상처부위를 덮어야 한다.
③ 환부는 안이 보이는 노란색 드레싱을 사용해 상처부위를 덮어야 한다.
④ 환부는 안이 보이는 초록색 드레싱을 사용해 상처부위를 덮어야 한다.

18. 부케를 완성한 후 보관하기 위한 올바른 보관방법은 무엇인가?
① 제습제를 넣은 밀폐용기에 넣고 뚜껑을 꽉 닫은 후 보관한다.
② 밀폐용기에 담아 냉장보관한다.
③ 습하고 더운 곳에 보관한다.
④ 직사광선이 없고 습한 곳에 보관한다.

19. 꽃을 만들 때 반죽이 말라 건조해지면 어떤 어떤 방법으로 해결하는가?
① 그대로 꽃을 만든 김을 쏘인다.
② 반죽에 물 또는 달걀흰자를 넣고 다시 치대어 사용한다.
③ 반죽에 쇼트닝을 듬뿍 발라 다시 밀어 펴서 만든다.
④ 옥수수 전분을 반죽에 뿌려 사용한다,

20. 더스팅 칠을 한 꽃잎의 색상을 더욱 오래 유지하려면 어떤 방법을 사용하는가?
① 표면에 쇼트닝을 바른다.
② 물에 살짝 담궜다가 뺀다.
③ 표면에 달걀흰자를 살짝 바른다.
④ 김 쏘이기를 한다.

21. 프릴 기법을 사용하지 않고 만드는 꽃은?
① 모란 ② 장미
③ 프리지아 ④ 카네이션

22. 슈가 반죽을 만들 때 첨가하지 않는 재료는?
① 옥수수 전분 ② 슈가파우더
③ 달걀흰자 ④ 물엿

23. 보색대비의 특징으로 옳지 않은 것은?
① 서로의 색에 피해를 주지 않는다.
② 섞었을 때 무채색이 나오는 두가지 색이 서로의 보색이다.
③ 보라색과 적색은 보색관계이다.
④ 빨간색과 청록색은 보색관계이다.

24. 경구 감염병에 포함되지 않는 것은?
① 유행성 독감 ② 유행성 간염
③ 성홍열 ④ 급성 회백수염

25. 갑작스럽게 어두운 공간에 들어갔을 때 시간이 지남에 따라 점점 보이는 현상은?
① 명순응 ② 명시현상
③ 색순응 ④ 암순응

26. 다음 중 지성의 상징적 의미로 사용되며 혼돈, 불확실성의 상징인 색상은?
① 적색 ② 회색
③ 보라색 ④ 노란색

27. 완성된 슈가 반죽에 하얀 알갱이 모양의 덩이리가 생기는 이유는 무엇인가?
① 반죽에 달걀흰자를 넣었기 때문
② 젤라틴을 잘못 녹여서
③ 물엿을 넣지 않아서
④ 슈가파우더를 체에 내리지 않아서

28. 아래의 재료를 가지고 만든 반죽의 이름은?

슈가파우더 500g, 물 35g, CMC가루 12g 가루젤라틴 12g, 흰자 25g, 물엿 80g

① 마지팬
② 커버링 반죽
③ 플라워 반죽
④ 로열 아이싱

29. 꽃과 그에 맞는 기법이 올바르게 짝지어진 것은?
① 포인세티아 : 풀드 플라워 기법
② 카라 : 풀드 플라워 기법
③ 개나리 : 풀드 플라워 기법
④ 장미 : 풀드 플라워 기법

30. 꽃을 만들 때 사용하는 기법으로 올바르지 않은 것은?
① 익스텐션 ② 풀드 플라워 기법
③ 멕시칸 메소드 ④ 와이어드 플라워

31. 수국, 차이니즈 자스민 등을 만들 때 꽃잎을 얇게 밀어 펴기 위하여 사용하는 도구는?
① 실크베이닝 툴 ② 셀 스틱
③ 볼툴 ④ 롱로즈

32. 로열 아이싱으로 익스텐션 기법을 사용할 경우 핀에 바르는 것으로 알맞은 것은?
① 옥수수 전분
② 물
③ 쇼트닝
④ 아무 것도 바르지 않음

33. 다음 중 먼셀의 색채 조화론에 포함되지 않는 것은?
① 순색조화 ② 무채색 조화
③ 대색 조화 ④ 보색 조화

34. 다음 중 대비현상에 대한 설명으로 옳지 않은 것은?
① 색상대비는 색상이 다른 두 가지 색이 서로 대조가 되어 색상차가 더 크게 대비되어 보이는 현상이다.
② 채도대비는 주위에 있는 색의 채도가 높으면 상대적으로 채도가 낮아 보이는 현상이다.
③ 면적대비는 같은 색이라도 면적이 좁을수록 채도가 높아 보이는 현상이다.
④ 보색대비는 보색끼리의 색이 상대색의 채도를 높아 보이게 하는 현상이다.

35. 경구 감염병을 예방하는 방법으로 잘못된 것은?
① 작업 공간을 쾌적하고 정돈되게 관리한다.
② 백신을 접종하지 않는다.
③ 환자 또는 감염자의 초기 발견 및 정기검진
④ 식수에 주의를 기울이고 수질분석 강화

36. 꽃에 색을 부여하기 위하여 분말 형태의 가루를 사용하는데 이 가루의 이름은?
① 아크릴 물감 ② 파스텔 가루
③ 옥수수 전분 ④ 더스팅 가루

37. 슈가크래프트 케이크 표면에 로열 아이싱을 짜고 붓으로 당기는 기법으로 옆면 장식으로 많이 사용하는 기법은?
① 익스텐션 ② 레이스 웍
③ 브러쉬 앤 브로이더리
④ 라인 웍

38. 카네이션의 꽃받침을 만들 때 사용하는 기법으로 올바른 것은?

① 맥시칸 메소드 ② 와이어드 플라워
③ 익스텐션 ④ 레이스 웍

39. 로열 아이싱이 너무 묽은 경우 어떤 재료를 넣어 되기를 맞추는가?

① 밀가루 ② 레몬즙
③ 옥수수 전분 ④ 분당

40. 다음 중 색채를 조절했을 때의 효과로 잘못된 것은?

① 신체의 피로도를 낮춘다.
② 작업할 때 집중도를 높이고 실패율을 감소시킨다.
③ 안전 유지에는 효과가 없어 사고 발생율의 차이는 없다.
④ 마음이 편안해지고 기분은 좋아진다.

41. 개인위생관리에서 코와 입 등을 깔끔하게 하는 방법으로 잘못된 것은?

① 언제나 일회용 물티슈를 사용한다.
② 껌이나 단 음식을 먹으면서 작업하는 것은 위생에 영향을 미치지 않는다.
③ 절대 얼굴이나 귀 등을 만지지 않는다.
④ 음식이나 그릇에 입김을 불어 넣으면 안 된다.

42. 부패나 변질을 억제하는 방법으로 적절하지 않은 것은?

① 훈연
② 염장, 당장법
③ 탈수
④ 자외선 및 방사선 차단

43. 아래 슈가크래프트 도구와 사용 방법이 올바르게 짝지어진 것은?

① 스무더 : 반죽 표면을 매끄럽게 해주는 도구
② 볼툴 : 반죽을 자르는 도구
③ 롤링핀 : 반죽에 무늬를 넣어주는 도구
④ 휠 커터 : 꽃잎의 맥을 만들어주는 도구

44. 꽃을 만들 때 반죽끼리의 접착제 역할을 하는 것은?

① 쇼트닝 ② 물
③ 옥수수 전분 ④ 버터

45. 다음 중 케이크를 가장 고급스럽고 주목성이 높여 전시하고자 할 경우 배경색으로 적절한 색은?

① 중명도: 보색 ② 중명도: 유사색
③ 명도: 유사색 ④ 저명도: 난색

46. 다음 중 저드의 색채조화론에 포함되지 않는 것은?

① 친근성 ② 순수성
③ 질서성 ④ 동류성

47. 장미를 만들 때 사용되는 기법이 아닌 것은?
① 볼툴로 밀어준다.
② 가위로 잘라준다.
③ 손으로 모양을 잡아준다.
④ 와이어드 플라워 기법

48. 식품위생법 내용을 통해 식품의 안정성에 해를 끼치는 요인으로 잘못된 것은?
① 병원체에 오염된 것
② 오염되거나 다른 물질이 유입되지 않은 것
③ 해로운 물질이 들어 있거나 접촉된 것
④ 부패 또는 변질된 것

49. 사람의 눈으로 밤하늘의 별이나 달을 볼 수 있는 이유는?
① 간상체 ② 수정체
③ 홍체 ④ 추상체

50. 반죽의 되기를 조절할 때 가장 영향을 많이 주는 것은?
① 습도와 온도 ② 온도와 도구
③ 색소와 도구 ④ 습도와 도구

기출문제 제2회

1. 색을 상징하는 이미지로 맞지 않은 것은?
   ① 주황색: 따뜻하고 즐거운 느낌으로 식욕 상승을 유발한다.
   ② 빨간색: 위험, 경고 등 안전색, 응급실의 위치를 표현한다.
   ③ 파란색: 진실되고 차가움 느낌으로 식욕 억제를 유발한다.
   ④ 검정색: 고급스러운 분위기로 유채색과 같이 두면 선명도가 떨어진다.

2. 슈가 반죽에는 들어가지 않지만 플라워 반죽에는 꼭 첨가하는 재료는 무엇인가?
   ① 달걀 흰자 ② 물엿
   ③ CMC ④ 가루 젤라틴

3. 다음 중 저체중인 아이의 체중을 늘리기 위한 컬러테라피로 적합한 것은?
   ① 사과, 복분자, 토마토로 만든 음식
   ② 쑥, 시금치, 샐러리로 만든 음식
   ③ 우유, 아보카도로 만든 음식
   ④ 검은콩, 흑미로 만든 음식

4. 명도가 다른 두 가지 색이 만나 경계가 생기는 대비현상은?
   ① 연변대비 ② 계속대비
   ③ 채도대비 ④ 계시대비

5. 다음 중 사용이 승인된 유화제로 알맞지 않은 것은?
   ① Sucrose fatty acid ester
   ② Mannose fatty acid ester
   ③ Glycerine fatty acid ester
   ④ Sorbitan fatty acid ester

6. 채소류로 감염되는 기생충으로 잘못된 것은?
   ① 회충 ② 편충
   ③ 십이지장충 ④ 페디스토마

7. 완성한 꽃잎을 하나의 꽃으로 만들기 위하여 엮을 때 어떤 재료를 사용하는가?
   ① 본드 ② 플로랄 테이프
   ③ 풀 ④ 철사

8. 슈가크래프트 반죽을 보관하는 방법으로 알맞은 것은?
   ① 비닐봉투에 담아 밀봉한 후 냉동 보관한다.
   ② 공기에 반죽을 노출시켜 표면을 굳게하여 냉장 보관한다.
   ③ 비닐 봉투에 담아 완전 밀봉한 후 냉장 보관한다.
   ④ 비닐 봉투를 밀봉하지 않고 공기에 노출된 채 냉장 보관한다.

9. 입체적인 꽃모양을 만들기 위하여 어떠한 패드 위에 올려 작업을 하는데 이 패드의 이름으로 올바른 것은?

① 넌스틱 보드 ② 돌림판
③ 폼 패드 ④ 실리콘 패드

10. 더스팅 가루를 칠하기 위하여 사용하는 붓의 올바른 세척 방법은?

① 흐르는 물로만 깨끗이 세척한다.
② 주방 세제를 푼 물에 담궈서 세척한다.
③ 알코올로 닦아준다.
④ 붓에 전분가루를 묻혀 세척한다.

11. 슈가크래프트 반죽을 만들 때 주의하여야 하는 점으로 올바르지 않은 것은?

① 제습기를 사용하여 실내 상태를 건조하게 유지한다.
② 모든 재료의 유통기한은 꼼꼼히 확인한다.
③ 레몬즙과 달걀은 반죽의 되기를 보고 조금씩 넣어가며 반죽을 완성한다.
④ 분당 가루가 뭉쳐있지 않도록 체에 내려서 준비한다.

12. 조리 작업대를 청소하는 방법으로 잘못된 것은?

① 일회용 티슈나 깨끗한 타월로 닦아낸다.
② 독성이 없는 세제를 사용하여 깨끗한 티슈나 행주로 닦아낸다.
③ 세척을 마친 도구는 사용하기 편하도록 쌓아둔다.
④ 세제를 이용해 작업대에서 사용한 도구를 세척한다.

13. 다음 중 잘못된 내용은?

① 동일한 사이즈의 색이 시각적으로 실제보다 더 작아보이는 색을 수축색이라고 한다.
② 배경색보다 뒤로 후퇴해 보이는 색을 후퇴색이라고 한다.
③ 고명도, 유채색은 진출 및 팽창되어 보인다.
④ 저명도, 저채도인 한색계열은 색이 팽창되어 보인다.

14. 다음 램프 중 따뜻함을 주며 그림자가 많이 생기는 빛으로 음식이 더 맛있어 보이는 램프?

① 수은등 ② 백열등
③ 나트륨등 ④ 형광램프

14. 반죽의 되기가 너무 질어 손에 들러붙을 경우 알맞은 해결 방법은?

① 흰자를 넣어 되기를 조절한다.
② 슈가파우더를 조금씩 넣어가며 조절한다.
③ 옥수수전분을 조금씩 넣어가며 조절한다.
④ 쇼트닝을 넣어 조절한다.

15. 갈색 플로랄 테이프를 감아야 하는 꽃이 올바르게 짝지어진 것은?

① 개나리 - 카라
② 장미 - 소국
③ 소국 - 차이니즈 자스민
④ 개나리 - 벚꽃

16. 차이니즈 자스민을 만들 때 올바르지 않은 것은?

① 꽃잎은 5등분 한다.
② 셀 스틱으로 꽃잎을 밀어 편다.
③ 풀드 플라워 기법을 이용한다.
④ 봉오리의 끝은 길고 뾰족하게 만든다.

17. 다음 중 가산혼합에 대해 잘못 설명한 것은?

① 혼합하면 명도는 낮아지고, 채도는 높아진다.
② 빛의 합성 원리에 따라 모든 파장의 빛이 균등하게 혼합될 경우 흰색을 띤다.
③ 색이 있는 빛을 비추어 혼합하는 것을 가산혼합이라고 한다.
④ 예시로 컴퓨터 모니터 조명과 텔레비전이 있다.

18. 슈가 크래프트 반죽과 물을 섞어 끈적끈적한 풀을 무엇이라고 하는가?

① 강력접착제　② 찹쌀 풀
③ 딱풀　④ 슈퍼글루

19. 다음 중 부패 방지 정책 중 물리적 수단이 아닌 것은?

① 냉장 냉동법
② 당장법
③ 건조법
④ 자외선 및 방사선 살균처리

20. 경구 감염병에 포함되지 않는 것은?

① 콜레라
② 파라티푸스
③ 장티푸스
④ 에이즈

21. 레이스 웍 작업 시 필름지에서 잘 분리하기 위하여 필름지에 바르는 재료는?

① 달걀흰자　② 쇼트닝
③ 물　④ 레몬즙

22. 중간 농도의 로열 아이싱을 사용하는데 적합한 것은?

① 쿠키에 아이싱을 색칠할 때
② 익스텐션 등의 짜기 기법
③ 꽃 짜기
④ 브러쉬 앤 브로이더리

23. 수국, 개나리 등을 만들 때 반죽을 등분하기 위하여 중앙에 구멍을 낼 수 있는 도구는?

① 셀 스틱　② 볼툴
③ 실크 베이닝 툴　④ 휠 커터

24. 다음 꽃을 만들 때 프릴 기법을 사용하지 않는 꽃은?

① 스위트피 ② 카네이션
③ 심비디움 ④ 작약

25. 다음 중 빛의 파장이 제일 짧은 것은?

① 노랑 ② 녹색
③ 보라 ④ 빨강

26. 다음 중 부패 또는 변질에 영향을 미치지 않는 요소는?

① 이산화탄소 ② 산소
③ 습도 ④ 온도

27. 개인위생관리에서 식품 제조 시 착용하는 보호복을 선정하는 기준점이 아닌 것은?

① 작업복과 일상복을 겸해서 사용한다.^
② 밝고 깨끗한 색상을 사용한다.
③ 보호복은 제품이 오염되지 않도록 보호한다.
④ 보호복을 제외한 겉옷은 작업공간과 먼 곳에 보관한다.

28. 로열 아이싱을 만드는 과정으로 올바른 것은?

① 공기를 많이 넣기 위해 휘핑기를 사용하여 섞어준다.
② 슈가파우더는 체를 치지 않고 바로 사용하여도 무관하다.
③ 믹싱볼에 기름기가 있어도 상관하지 않고 로열 아이싱을 만든다.
④ 원하는 되기를 맞추기 위하여 따뜻한 물은 소량씩 넣어가며 만든다.

29. 커버링을 할 때 반죽 표면을 매끈하게 만들기 위하여 사용하는 도구는?

① 실리콘 패드 ② 롱로즈
③ 스무더 ④ 롤링핀

30. 드레이프에 관한 설명으로 알맞은 것은?

① 장식 기법 중 하나이며 우아한 느낌을 주고 천이 흘러내리는 듯한 모양의 장식이다.
② 반죽을 선처럼 길게 밀어펴 여러 갈래를 꼬아 만든 장식이다.
③ 슈가파우더와 난백가루, 뜨거운 물을 사용하여 만드는 반죽이다.
④ 스텐실 판을 반죽표면에 올려두고 로열 아이싱을 얇게 펴 발라 스텐실 판을 떼어내 만드는 장식이다.

31. 작은 꽃잎 3장, 큰꽃잎 3장으로 총 6장의 꽃잎으로 이루어져 있으며 작은 꽃잎 3장에 꽃 색상과 같은 색상의 액상 색소로 선을 그어 만드는 꽃의 이름은?

① 심비디움
② 양귀비
③ 라일락
④ 알스트로메리아

32. 더스팅 작업을 할 때 올바르지 않은 것은?

① 붓에 많은 양의 더스팅 가루를 묻혀 여러 장의 꽃잎을 한 번에 칠한다.

② 물기가 없고 마른 붓으로 더스팅을 칠한다.

③ 슈가 도구에 묻지 않도록 도구를 정리하고 더스팅 칠을 한다.

④ 색이 섞이지 않도록 다른 색 더스팅을 사용할 때마다 붓도 바꿔서 사용한다.

33. 두 가지 이상의 색을 같이 보거나 지속해서 볼 때 발생하는 현상은?

① 색채대비 ② 색의 주목성

③ 색의 명시성 ④ 착시현상

34. 로열 아이싱 제조 시 레몬즙을 넣는 이유로 올바른 것은?

① 로열 아이싱을 빨리 굳게 한다.

② 로열 아이싱에 점성을 부여해 준다.

③ 로열 아이싱의 색을 밝고 희게 만들기 위하여

④ 로열 아이싱에 레몬맛을 첨가하기 위하여

35. 스키훅을 걸어 만드는 꽃은?

① 백합 ② 포인세티아

③ 소국 ④ 라일락

36. 멕시칸 메소드 기법으로 만든 꽃받침을 붙여서 완성한 꽃이 올바르게 짝지어진 것을 고르시오.

① 튜브로즈 – 벚꽃

② 카라 – 장미

③ 소국 – 시클라멘

④ 후리지아 – 양귀비

37. 분변 오염 지표로 쓰이는 대장균의 MPN (Most Probable Number) 검사와 관련된 내용으로 옳은 것은?

① 검체에 10g 중 존재할 수 있는 대장균 균수

② 검체에 100g 중 존재할 수 있는 대장균 균수

③ 검체에 10ml 중 존재할 수 있는 대장균 균수

④ 검체에 100ml 중 존재할 수 있는 대장균균수

38. 슈가크래프트에 사용되는 도구의 보관 방법으로 올바르지 않은 것은?

① 철사는 휘어지지 않도록 평평한 곳에 놓아 보관한다.

② 롤링핀, 넌스틱 보드, 셀 스틱은 사용 후에 물과 세제로 세척하여 보관한다.

③ 더스팅 가루는 세지 않도록 뚜껑을 꽉 닫아서 보관한다.

④ 더스팅 가루를 칠하는 붓과 물칠을 하는 물붓은 따로 구분하여 보관한다.

39. 꽃잎이나 잎의 맥을 찍어 무늬를 내는 도구는?

① 커터 ② 퀼팅 휠

③ 본툴 ④ 베이너

40. 익스텐션의 작업 과정 중 올바르지 않은 것은?

① 핀에서 로열 아이싱이 잘 떨어지게끔 소량의 쇼트닝을 바른다.

② 로열 아이싱을 파이핑 한 후 말리지 않고 바로 핀을 뽑는다.

③ 일정한 간격으로 파이핑하기 위하여 간격을 미리 표시한다.

④ 일정한 힘으로 파이핑하여 로열 아이싱의 굵기가 변하지 않도록 파이핑한다.

41. 슈가 반죽을 올바른 방법으로 보관하지 않아 반죽 표면이 굳었을 때 재사용 방법으로 맞는 것은?

① 반죽을 모두 다시 치대어서 사용한다.

② 쓰지 못하는 반죽이기에 모두 버린다.

③ 반죽 표면의 굳은 반죽만 떼어버리고 속의 말랑한 반죽만 사용한다.

④ 굳어버린 표면에 물을 발라 녹인 후 다시 치대어서 사용한다.

42. 슈가 플라워를 작업할 때 생화처럼 표현하기 위하여 색을 입히는 작업을 하는데 이 때 사용하는 것은 무엇인가?

① 스티밍 ② 더스팅 파우더

③ 바니시 ④ 페이스트 색소

43. 슈가 크래프트 반죽을 희게 만들어 주는 재료는 무엇인가?

① 알부민 ② 젤

③ 레몬즙 ④ 표백제

44. 색상의 중량감에 가장 크게 영향을 주는 속성은?

① 명도 ② 질감

③ 색상 ④ 채도

45. 로얄 아이싱으로 라인웍 작업을 할 때의 방법으로 올바른 것은?

① 파이핑을 하고 완전히 건조한 후 CMC로 붙인다.

② 파이핑을 하고 쇼트닝으로 붙인다.

③ 파이핑을 하고 달걀흰자로 붙인다.

④ 파이핑을 하고 완전히 굳기 전에 그 위에 다시 파이핑을 한다.

46. 꽃의 프릴 작업을 할 때 하늘하늘한 프릴을 만들기 위한 방법으로 올바른 것은?

① 도구를 돌려가면서 여러 번 프릴 작업을 한다.

② 반죽에 슈가파우더를 묻혀가면서 프릴 작업을 한다.

③ 강한 힘으로 한 번에 프릴 작업을 한다.

④ 물을 묻혀가면서 얇게 프릴 작업을 한다.

47. 개나리를 만든는 과정으로 <u>틀린</u> 것은?

① 와이어에 훅을 걸고 소량의 반죽을 감싸준다.

② 폴드 플라워 기법으로 꽃잎을 5장 만들어준다.

③ 와이어에 꽃을 끼워준다.

④ 브라운색 테이프로 와이어를 감아준다.

48. 인축공통전염병에 포함되지 <u>않는</u> 것은?

① 야토병 ② 유행성 출혈열

③ 콜레라 ④ 결핵

49. 다음 중 실내 온도와 습도로 가장 적절한 것은?

① 16±2℃, 20~40%

② 17±2℃, 70~80%

③ 18±2℃, 40~70%

④ 20±2℃, 50~60%

50. 두 색 또는 다양한 색의 배색에서 대비현상이 과도하게 강할 경우, 경감시키기 위해 색과 색 중간에 넣는 색으로 일반적이지 <u>않은</u> 것은?

① 검은색 ② 흰색

③ 순색 ④ 회색

기출문제　제3회

1. 반죽에 색소를 너무 많이 사용했을 때 생기는 문제로 올바른 것은?
   ① 만들고자 하는 색상보다 흐리게 나오므로 더스팅을 진하게 칠한다.
   ② 색소 때문에 반죽이 질어질 수 있다.
   ③ 색소를 많이 섞으면 반죽이 매우 단단해지기 때문에 물을 섞어서 사용한다.
   ④ 반죽에서 단맛이 더욱 강하게 난다.

2. 다음 중 바덴의 색채조화론에 포함되지 않는 것은?
   ① 순색과 흑색을 융합한 암색조
   ② 순색 백색, 흑색이 융합된 톤
   ③ 순색과 백색을 융합한 색상조
   ④ 백색과 흑색을 융합한 회색조

3. 다음 중 감산혼합에 대해 잘못 설명한 것은?
   ① 색 유리나 셀로판지 등을 겹쳐 놓은 혼합이다.
   ② 혼합할수록 어두워져 명도가 떨어지는 혼합이다.
   ③ 혼합할수록 명도가 낮아진다.
   ④ 가산혼합과 달리 채도가 높아지는 혼합이다.

4. 어두운 배경색 위에 있는 밝은 색상이 원래 색보다 더욱 밝게 보이는 것은 어떤 대비현상인가?
   ① 반대대비　② 유사대비
   ③ 보색대비　④ 명도대비

5. 완성된 슈가 플라워를 냉장고에 보관했을 때 발생할 수 있는 상황으로 올바른 것은?
   ① 꽃잎 표면에 곰팡이가 생긴다.
   ② 꽃이 더욱 단단해진다.
   ③ 계속해서 보관이 가능하다.
   ④ 표면에 습기가 생기므로 꽃이 녹을 수 있다.

6. 조리작업대를 사용할 때 갖추어야 할 행동이 아닌 것은?
   ① 독성이 없는 수성 세척제를 이용해서 작업대를 청소한다.
   ② 항상 손을 씻고 작업대를 만진다.
   ③ 겉옷이나 개인 소지품을 작업대와 가까이둔다.
   ④ 안전하고 위생적인 공간에 개인 소지품을 둔다.

7. 다음 중 침전지에서 약품이나 약물침전의 의도로 사용하는 것은?
   ① 표백분　② 명반
   ③ 붕산　④ 염소

8. 슈가 반죽과 이것을 섞어서 반죽하게 되면 찐득찐득하고 강력한 슈퍼글루를 만들 수 있다. 이것은 무엇인가?
   ① 물엿　② 잼
   ③ 물　④ 식초

9. 꽃잎을 말릴 때 모양을 잡아줄 수 있는 도구의 이름은?
① 실크베이닝　② 커터
③ 몰드　④ 셀포머

10. 식품위생법 규정에서 식품 안전성에 위해를 가하는 화학물질이 아닌 것은?
① 불량 첨가물
② 용기 또는 포장에서부터의 오염물질
③ 환경오염물
④ 음식 조리 시 발생하는 유익한 물질

11. 베이너를 사용할 때 꽃잎에 무늬가 선명하게 나오지는 않는 원인이 아닌 것은?
① 베이너를 너무 약하게 눌렀기 때문에
② 반죽이 너무 굳어 딱딱해서
③ 꽃잎의 두께가 너무 얇아서
④ 반죽이 너무 질어서

12. 시클라멘의 특징으로 올바르지 않은 것은?
① 와이어는 스키 훅을 건다.
② 꽃잎은 5장이다.
③ 꽃받침은 제일 마지막에 만들어서 붙인다.
④ 꽃이 완전히 굳으면 와이어를 꺾어준다.

13. 장마철에 슈가 플라워를 보관하는 방법으로 올바르지 않은 것은?
① 실내에 제습기를 이용하여 건조한 상태를 유지한다.
② 빗물이 들어올 수 있는 창문 쪽에는 보관하지 않는다.
③ 시원하고 건조한 곳에 공기청정기와 함께 보관한다.
④ 냉장고에 넣어 보관한다.

14. 라일락을 만들 때 사용하는 기법은?
① 풀드 플라워 기법
② 와이어드 플라워 기법
③ 맥시칸 햇 기법
④ 프릴 기법

15. 다음 중 형광램프의 특징으로 맞는 것은?
① 열효율이 나쁘다.
② 그림자가 많은 편이다.
③ 따뜻한 빛으로 밝다.
④ 일반적으로 휘도가 낮고 열방사가 많다.

16. 슈가 페이스트의 특징으로 올바른 것은?
① 플라워 페이스트보다 더 단단한 반죽이다.
② CMC 가루가 들어간다.
③ 꽃을 만들 때 주로 이용한다.
④ 드레이프 작업을 할 때 사용하기 적합하다.

17. 이타이이타이 병은 인체에 카드뮴이 축적되어 생기는 만성질환이다. 카드뮴으로 인해 가장 크게 피해를 받게 되는 기관은?
① 폐　② 신장
③ 심장　④ 중추신경계

18. 식품으로부터 전염되는 기생충에서 어류로 전염되는 것이 아닌 것은?
① 선모충
② 간디스토마
③ 유극악구충
④ 요꼬가와흡충

19. 멘셀의 3원칙에 포함되지 않는 것은?
① 노랑 ② 파랑
③ 초록 ④ 빨강

20. 물엿이 많이 들어가 끈적거리는 반죽을 사용하려고 할 때 해결하기 위한 방법으로 올바른 것은?
① 쇼트닝을 조금 넣어준 후 반죽한다.
② 슈가파우더를 넣고 반죽하여 사용한다.
③ 레몬즙을 넣고 반죽하여 사용한다,
④ 물을 넣고 반죽하여 사용한다,

21. 장미를 만들 때 사용하는 기법은?
① 와이어드 플라워 기법
② 멕시칸 메쏘드 기법
③ 폴드 플라워 기법
④ 프릴 기법

22. 다음 중 스키 훅을 사용하지 않는 꽃은?
① 소국 ② 씨클라멘
③ 콘플라워 ④ 거베라

23. 프릴에 볼륨감을 주는 작업을 할 때 올바른 작업 과정은?
① 반죽에 전분 가루를 듬뿍 묻혀서 만든다.
② 휴지를 프릴 사이에 넣고 굳히면 자연스러운 볼륨감을 줄 수 있다.
③ 마른 반죽을 사용하여 만든다.
④ 반죽을 두껍게 밀어펴서 프릴을 준다.

24. 슈가 페이스트의 재료에 해당하지 않은 것은?
① 달걀 노른자 ② 물엿
③ 레몬즙 ④ 슈가파우더

25. 입으로 감염되어 유행성 간염을 발생시키는 병원체로 주로 오염물질의 섭취로 인한 것은?
① Polio 바이러스
② Hepatitis A 바이러스
③ HIV 바이러스
④ Noro 바이러스

26. 레이스웍 작업 과정 중 올바르지 않은 것은?
① 얇은 필름을 위에 얹고 테이프로 고정시킨다.
② 잘 분리하기 위하여 쇼트닝을 바르고 작업한다.
③ 필름에서 잘 분리하기 위하여 파이핑을 하고 바로 떼어낸다.
④ 넓고 평평한 판에 얇은 필름을 올리고 레이스 웍을 파이핑한다.

27. 다음 중 소독제 비치 조건에 적합하지 않는 것은?
① 침투성이 낮고 사용방법이 간편해야 한다.
② 안정적이고 경제적이어야 한다.
③ 향취가 나지 않아야 한다.
④ 소독력이 있어야 한다.

28. 플라워 반죽을 만질 때 반죽이 달라붙지 않도록 하기 위하여 손에 바르는 것은 무엇인가?
① 슈가파우더 ② 전분
③ 물엿 ④ 쇼트닝

29. 프리지아를 만드는 과정으로 올바른 방법은?
① 풀드 플라워 기법을 사용한다.
② 꽃을 펴줄 때는 실크 베이닝 툴을 사용하면 안 된다.
③ 꽃을 엮을 때는 꽃대의 철사를 똑바로 펴준다.
④ 봉오리와 꽃을 한데 뭉쳐서 꽃 테이프로 감아준다.

30. 꽃잎 작업 시 자꾸 철사가 빠지는 일이 발생하는데 이 원인으로 올바르지 않은 것은?
① 철사에 힘이 없어서 반죽에 고정되지 못해 움직였다.
② 작업 시 보드에 반죽이 고정되어 있지 않고 이리저리 밀려서 철사가 어긋났다.
③ 반죽의 탄력이 매우 좋다.
④ 잎의 두께보다 지나치게 굵은 철사를 사용했다.

31. 슈가 반죽 중간중간에 말랑하고 투명한 점들이 생긴 것을 볼 수 있다. 이 원인으로 올바른 것은?
① 오래된 슈가파우더를 사용하여 설탕 가루들이 뭉쳤다.
② 슈가파우더에 함유된 전분이 덩어리를 만들었다.
③ 젤라틴 중탕을 할 때 완전히 녹이지 않아서 덩어리가 생겼다.
④ 반죽을 너무 얇게 밀었기 때문에 생기는 것이다.

32. 다음 중 스위치, 기계 보호덮개, 주의표시 등에 위험을 나타내는 색상은?
① 노랑 ② 녹색
③ 주황 ④ 적색

33. 케이크 색채 디자인에서 색을 선택할 때 사용할 면적과 목적에 따라 색을 분류한 것으로 올바른 것은?
① 주요색, 보강색, 강조색
② 주조색, 보조색, 강한색
③ 주조색, 보강색, 강조색
④ 주조색, 보조색, 강조색

34. 육류로 감염되는 기생충이 아닌 것은?
① 회충 ② 선모충
③ 무구조충 ④ 유구조충

35. 카라 꽃을 만들 때 꽃잎에 꽃술을 붙이기 위하여 어떤 것을 사용하는가?

① 물 ② 슈퍼글루
③ 딱풀 ④ 물엿

36. 암술 1개와 수술 5개로 이루어져 있으며, 6장의 꽃잎을 가진 꽃의 이름은?

① 카라 ② 백합
③ 벚꽃 ④ 모란

37. 슈가 플라워를 만들기 전 준비과정으로 올바르지 않은 것은?

① 보드판, 셀 스틱 등에 반죽이 들러붙는 것을 방지하기 위하여 미리 쇼트닝을 발라둔다.
② 철사는 휘어지지 않도록 조심히 컷팅해서 준비한다.
③ 더스팅을 하기 위한 붓과 물칠을 하기 위한 붓을 따로 구분하여 준비해 놓는다.
④ 작업 시 반죽에 먼지가 덜 붙도록 손을 깨끗이 씻는다.

38. 반죽을 보관하는 방법으로 올바르지 않은 것은?

① 실온에 보관하는 반죽은 비닐봉지에 밀봉하여 밀폐용기에 담으면 최대 일주일까지 사용이 가능하다.
② 습하고 더운 장마철에는 유통기한이 짧아지므로 유의한다,
③ 반죽의 주 성분은 유통기한이 긴 설탕이므로 겨울철엔 실온에서 한 달 이상 사용이 가능하다.
④ 오래 두고 사용할 반죽은 비닐에 완전 밀봉하여 냉동실에 보관하고 필요 시에 꺼내 해동하여 사용한다.

39. 라인 웍 작업을 할 때 라인을 깨끗하게 마무리하기 위하여 사용하는 방법은?

① 쇼트닝을 덧바른다.
② 여러 번 붓으로 터치한다.
③ 붓에 달걀흰자를 묻혀서 마무리한다.
④ 붓에 전분가루를 묻혀 마무리한다.

40. 콘플라워는 어떤 기법을 사용하는가?

① 풀드 플라워 기법
② 멕시칸 메쏘드 기법
③ 와이어드 플라워 기법
④ 라인 웍

41. 다음 중 색상과 색의 기호의 연결이 옳지 않은 것은?

① 연두– GY ② 노랑– Y
③ 남색– PB ④ 자주– BP

42. 젤라틴을 중탕하여 완전히 녹이지 않았을 때 발생하는 문제점은?

① 반죽이 질어진다.
② 반죽이 지나치게 쫄깃해진다.
③ 군데군데 투명한 덩어리가 생긴다.
④ 반죽에서 냄새가 난다.

43. 슈가크래프트란?

① 분당에 젤라틴과 물엿을 첨가하여 쫀득쫀득한 반죽을 만들어 케이크나 플라워, 모델링 등을 만드는 것
② 분당에 물을 넣어 쫀득쫀득한 반죽을 만들어 케이크나 플라워, 모델링 등을 만드는 것
③ 분당에 설탕을 섞어서 쫀득쫀득한 반죽을 만들어 케이크나 플라워, 모델링 등을 만드는 것
④ 분당에 전분을 첨가하여 쫀득쫀득한 반죽을 만들어 케이크나 플라워, 모델링 등을 만드는 것

44. 개인위생관리에서 손을 씻어야 할 때가 <u>아닌</u> 것은?

① 머리를 손질한 후
② 쓰레기를 정리한 후
③ 얼굴을 만진 후
④ 화장실 가기 전

45. 방사성 핵종 중 식품을 통해 사람의 몸에 들어왔을 때 친화성과 칼슘성분이 있고 특히 반감기가 길어 문제가 되는 것은?

① 세슘 137(Cs-137)
② 요오드 131(I-131)
③ 코발트 60(Co-60)
④ 스트론튬 90(Sr-90)

46. 날씨가 추울 때 믹싱 볼을 데우는 이유는?

① 반죽의 색상을 더욱 뽀얗게 하기 위해
② 젤라틴이 급속도로 굳는것을 방지하기 위해
③ 반죽에 더욱 탄력을 주기 위해
④ 끈적임을 덜 하게 하기 위해

47. 가시광선 중 가장 긴 파장의 색으로 신생아가 가장 먼저 인식하며 주목성이 높은 색은?

① 보라색 ② 적색
③ 노란색 ④ 녹색

48. 다음 중 두가지 색이 보색관계가 <u>아닌</u> 것은?

① 청색 – 빨간색
② 노란색 – 파란색
③ 보라색 – 연두색
④ 적색 – 보라색

49. 다음 중 꽃술은 따로 만들지 않아도 되는 꽃은?

① 포인세피아 ② 개나리
③ 튜브로즈 ④ 라일락

50. 슈가크래프트 꽃을 붓을 사용해서 만들었을 때 색깔이 묻은 붓의 세척 방법은?

① 깨끗한 물에 세척해서 쓴다.
② 전분가루를 묻혀서 세척해서 쓴다.
③ 알코올에 담가서 세척해서 쓴다.
④ 다시 새로운 붓으로 산다.

기출문제 제4회

1. 하나의 백색이 각각 흑색과 회색 속에 있을 때 흑색 속의 백색이 더 하얗게 보이는 대비현상은?
   ① 보색대비
   ② 면적대비
   ③ 명도대비
   ④ 색상대비

2. 사람의 감각 중 민감도 대비순서는?
   ① 명도〉채도〉색상
   ② 채도〉색상〉명도
   ③ 명도〉색상〉채도
   ④ 색상〉명도〉채도

3. 라일락의 특징을 바르게 말한 것은?
   ① 와이어는 스키 훅으로 건다.
   ② 와이어드 플라워 기법을 사용한다.
   ③ 멕시칸 매소드 기법을 사용한다.
   ④ 꽃잎은 가위로 잘라서 만든다.

4. 완성된 부케의 보관법으로 올바른 것은?
   ① 밀폐용기에 뚜껑을 꼭 닫고 제습제를 넣어 보관한다.
   ② 바람이 잘 통하는 시원한 곳에 직사광선을 피해 보관한다.
   ③ 덥고 습한 곳에 보관한다.
   ④ 냉장고에 보관한다.

5. 경구감염병 예방 방법으로 옳지 <u>않은</u> 것은?
   ① 식용수에 주의하고 때때로 수질검사를 한다.
   ② 식품의 저온 보존에 주의하고 생식은 관련이 없다.
   ③ 쥐, 파리, 바퀴 등의 침입을 막고 구제한다.
   ④ 검역을 강화한다.

6. 식품에 분명히 나타내야 하는 내용이 <u>아닌</u> 것은?
   ① 품명과 제조업체명
   ② 성분과 취급상 주의사항
   ③ 영양표시
   ④ 제조일과 제조업체의 주소지

7. 빛을 물체에 비추었을 때 가시광선 파장이 분해된 후 반사, 흡수, 투과현상이 발생하는데, 이때 분해되어진 빛의 일부가 물체의 물리변화현상에 의해서 나오는 색상은?
   ① 표면색
   ② 물체색
   ③ 간섭색
   ④ 금속색

8. 반죽의 되기를 맞추기 위해 조절할 수 있는 재료로 적당하지 않은 것은?
① 액상 달걀흰자 ② 물엿
③ 물 ④ 레몬즙

9. 더스팅 후 색상을 좀 더 오래 선명하게 유지하기 위해 사용하는 방법은?
① 달걀흰자를 표면에 바른다.
② 스티밍(김 쏘이기)을 한다.
③ 물에 담갔다가 뺀다.
④ 쇼트닝을 고루 바른다.

10. 슈가크래프트 꽃을 만들 때 쓰이지 않는 기법은?
① 와이어드 플라워
② 멕시칸 메소드
③ 익스텐션
④ 풀드 플라워

11. 멕시칸 매소드 기법을 사용하지 않는 꽃은?
① 카네이션 꽃받침
② 벚꽃
③ 튜브로즈
④ 심비디움

12. 다음 중 명도의 설명이 아닌 것은?
① 색의 밝고 어두운 정도를 말한다.
② V로 표시하며, 색의 밝기를 말한다.
③ 무채색과 유채색 모두가 해당한다.
④ 검은색은 0, 흰색은 11로 지정하고, 12단계로 구분한다.

13. 슈가크래프트 반죽을 만들었는데 반죽에 하얀 알갱이 같은 덩어리가 생겼다. 그 이유는?
① 슈가 반죽에 달걀흰자를 넣어서
② 젤라틴의 중탕을 잘해서
③ 물엿을 안 넣어서
④ 슈가 파우더를 체에 안 걸러내서

14. 로열 아이싱의 주재료는?
① 달걀흰자, 분당
② 달걀노른자, 전분
③ 달걀흰자, 전분
④ 달걀흰자, 설탕

15. 로열 아이싱 사용 중 튜브가 막혔을 때 올바른 대처법은?
① 철사로 뚫어 준다.
② 입으로 빨아서 뚫는다.
③ 뜨거운 물로 튜브 입구를 녹인다.
④ 파이핑 백 전체를 뜨거운 물에 담가 두고 쓴다.

16. 튜브로즈를 만드는 과정으로 옳지 않은 것은?
① 봉오리를 크기별로 만들어준다.
② 멕시칸 메소드 기법으로 반죽을 밀어준다.
③ 튜브로즈 커터로 찍은 후에 실크 베이닝 툴을 이용하여 주름을 잡아준다.
④ 작은 봉오리, 큰 봉오리, 꽃을 순서대로 엮어준다.

17. 로열 아이싱 제조 시 모든 도구와 믹서의 기름기를 제거해야 하는 이유는?
① 기름기가 아이싱을 너무 단단하게 만들기 때문
② 아이싱의 끊어짐을 유발하기 때문
③ 건조 시 너무 반짝거리게 되기 때문
④ 색이 지나치게 하얗게 되기 때문

18. 다음 중 장티푸스에 대한 설명으로 틀린 것은?
① 7~14일의 긴 잠복기를 거쳐 발병해서 처음에는 오한 증상이 반복되면서 점점 열이 높아진다.
② 감염원으로는 대변 이외에 소변을 들 수 있다.
③ 환자의 격리, 보균자의 적발과 관리 등의 예방법이 있다.
④ 집단 감염이 발생하는 경우는 없다.

19. 영업종사자로써 영향이 없는 질병은?
① 뇌염　② 결핵
③ 피부병　④ B형감염

20. 다음 중 색의 3속성에 포함되지 않는 것은?
① 순색　② 채도
③ 명도　④ 색상

21. 자스민 혹은 수국을 만들 때 등분하기 위해 구멍을 내는 도구는?
① 셀 스틱　② 본툴
③ 드레스덴툴　④ 볼툴

22. 꽃잎 하나하나를 엮을 때 사용하는 재료는?
① 플로랄 테이프
② 풀
③ 철사
④ 본드

23. 멕시칸 메소드 기법을 사용하여 만드는 꽃으로 허니써클이라고도 불리우는 꽃의 이름은?
① 인동초　② 장미
③ 수국　④ 심비디움

24. 반죽에 색소를 지나치게 많이 사용하면 나올 수 있는 결과는?
① 의도했던 색상보다 매우 흐리므로 더스팅 나올 수 있는 결과는?
② 반죽이 질어질 수 있다.
③ 색소가 많이 들어가면 반죽의 상태가 매우 단난해지므로 물을 섞어야 한다.
④ 반죽해서 단맛이 강해진다.

25. 입으로 전염되어 유행성 간염을 발생시키는 병원체로 주로 오염물질의 섭취로 인한 것은?
① Polio 바이러스
② Hepatitis A 바이러스
③ HIV 바이러스
④ Noro 바이러스

26. 색과 정서의 상관관계에서 맞지 않는 것은?
① 따뜻한 색상: 흥분, 즐거움, 활기참
② 차가운 색상: 냉정, 차분함
③ 고명도 색: 엄중함, 중대함
④ 저채도 색: 편안함

27. 색의 3속성 중 사람의 눈이 가장 먼저 반응하는데 영향을 미치는 것은?
① 명도
② 색상
③ 채도
④ 추상체

28. 꽃을 완성한 후 케이크에 장식할 때 케이크가 상하지 않도록 어떤 도구 안에 넣고 케이크를 장식한다. 그 도구의 이름은?
① 플라워 픽
② 플라워 커터
③ 플라워 몰드
④ 스텐실

29. 다음 중 채도의 설명이 아닌 것은?
① 색의 맑고 탁한 정도를 말한다.
② 무채색에도 채도가 있다.
③ 무채색이 많이 섞일수록 채도가 낮아진다.
④ 순색은 같은 색 중에서 채도가 가장 높다.

30. 경구감염병의 감염경로 중 환자나 보균자의 배설물이나 세척 후 물의 처리가 철저하지 못했을 때 병원균이 하천 등에 침입하여 일어나는 병의 명칭은?
① 인수 감염병 ② 수질 감염병
③ 수인성 감염병 ④ 수성 감염병

31. 완성된 슈가플라워를 냉장고에 보관했을 때 발생할 수 있는 상황은?
① 꽃이 더욱 단단해진다.
② 표면에 습기가 생겨 녹을 수 있다.
③ 더욱 오랫동안 보관할 수 있다.
④ 표면에 곰팡이가 생긴다.

32. 소국을 만들 때 올바른 방법은?
① 꽃잎 커터를 사용한 후 각 꽃잎은 반으로 갈라서 펴준다.
② 꽃잎을 펴줄 때는 폼 패드 위에 올려놓고 한다.
③ 가운데 심에 끼우는 철사는 가는 것일수록 좋다.
④ 꽃잎을 펴줄 때는 핀셋을 사용하여 하나하나 펴준다.

33. 완성된 부케의 보관법으로 올바른 것은?
① 밀폐용기에 뚜껑을 꼭 닫고 제습제를 넣어 보관한다.
② 바람이 잘 통하는 시원한 곳에 직사광선을 피해 보관한다.
③ 덥고 습한 곳에 보관한다.
④ 냉장고에 보관한다.

34. 파스티야주 만들기에 적합하지 않은 재료는?
① CMC
② 아라비아 검
③ 젤라틴
④ 트라가칸트 검

35. 반죽 완성 후 적당한 숙성 시간은?
① 반죽이 되자마자 바로 사용한다.
② 실온에서 하루 정도 숙성 후 사용한다.
③ 실온에서 일주일 동안 숙성 후 사용한다.
④ 냉동고에서 한시간 급속냉동 후 사용한다.

36. 개인위생관리에서 손과 손톱을 정리하는 방법으로 잘못된 습관은?
① 절대로 손을 입에 넣어서는 안 된다.
② 절대로 손가락을 빨거나 핥아서는 안 된다.
③ 손톱은 항상 짧고 깔끔해야 된다.
④ 손톱에 매니큐어를 발라 청결히 해야 된다.

37. 다음 중 인축공통감염병에 포함되지 않는 것은?
① 장티푸스
② 탄저병
③ 야토병
④ 유행성 출혈열

38. 반죽을 완성한 후 올바른 보관법이 아닌 상태로 방치하였다. 이때 발생할 수 있는 현상이 아닌 것은?
① 반죽 표면이 뻣뻣해진다.
② 반죽 표면에 곰팡이가 생긴다.
③ 반죽의 젤라틴이 변형을 일으켜 녹아내린다.
④ 섞이지 않은 젤리 스폿(덩어리)이 군데군데 잡힌다.

39. 광택을 표현하고자 할 때 사용되는 적당한 재료가 아닌 것은?
① 달걀흰자 ② 바니시용액
③ 스티밍 ④ 투명 매니큐어

40. 면적이 클수록 채도가 높아지고 그 색은 더 밝고 맑아 보이는 대비는?
① 면적대비 ② 색상대비
③ 보색대비 ④ 명도대비

41. 케이크 커팅 시 로열 아이싱의 부서짐을 방지하기 위해 사용되는 부재료는?
① 버터 ② 레몬즙
③ 식초 ④ 글리세린

42. 자스민, 개나리, 라일락 등을 만들 때 사용되는 대표적인 기법은?
① 와이어드 플라워 기법
② 멕시칸 햇 기법
③ 풀드 플라워 기법
④ 프릴 기법

43. 다음 중 멕시칸 햇 기법으로 만들어야 하는 꽃은?

① 장미 ② 백합

③ 튜브로즈 ④ 알스트로미리아

44. 다음 중 프릴을 넣는 기법을 사용하지 않는 꽃은?

① 카네이션 ② 스위트피

③ 모란 ④ 포인세티아

45. 잎사귀나 꽃잎을 만들 때 베이너에 무늬가 선명하게 찍히지 않는 원인이 아닌 것은?

① 꽃잎이 너무 얇아서

② 베이너를 찍을 때 힘을 너무 살짝 줘서

③ 반죽이 굳어서

④ 반죽이 너무 질어서

46. 만들어둔 로열 아이싱을 사용할 때 공기를 빼고 사용하는 이유는?

① 파이핑 시 끊어짐을 방지하기 위해

② 더 단단한 반죽을 만들기 위해

③ 커팅 시 부서지지 않게 하기 위해

④ 색을 더 하얗게 하기 위해

47. 장염 비브리오균으로 인해 식중독 발생에 가장 큰 원인을 주는 식품은?

① 어패류 ② 우유

③ 연제품 ④ 음료수

48. 다음 중 야토병에 대한 설명으로 틀린 것은?

① 설치류, 산토끼, 들쥐, 다람쥐들 사이에 자연 감염된다.

② 경구 감염으로는 발병되지 않는다.

③ 병든 토끼류의 접촉에 의해 피부의 상처나 점막으로 감염된다.

④ 산토끼를 취급하는 사람은 주의가 필요하다.

49. 완성된 반죽을 다룰 때 주의해야 할 점이 아닌 것은?

① 더스팅 색소나 페이스트 색소를 만진 후에는 반드시 손을 닦고 반죽을 만진다.

② 달라붙지 않도록 손에 물을 발라가며 만진다.

③ 반죽은 항상 비닐 팩에 싸서 공기와 접촉되지 않도록 유의한다.

④ 반죽이 너무 진 경우 손에 분당을 발라가며 다룬다.

50. 일반적으로 후퇴, 수축해 보이는 색은?

① 고채도

② 고명도

③ 난색

④ 한색

기출문제 제5회

1. 식품 제조 공장에서 활용되는 용수 사용의 안정성을 확보하기 위해 실행하는 기본적인 처리방법이 아닌 것은?
   ① 연화 ② 침전
   ③ 여과 ④ 경화

2. 슈가크래프트 종사자나 학생이 발병하였을 때 즉시 보고하여야 할 질병이 아닌 것은?
   ① 피부 감염과 같은 피부 트러블이 생긴 경우
   ② 식중독 증상이 있고 작업을 진행하는데 고통을 느끼는 경우
   ③ 심한 독감에 걸린 경우
   ④ 손에 화상을 입은 경우

3. 다음 중 유행성 출혈열에 대한 설명으로 맞지 않는 것은?
   ① 소, 개, 돼지, 쥐 등을 통해 감염된다.
   ② 5~6일의 잠복기를 거쳐 39~40℃의 고열이 나고 오한, 전율, 두통, 요통, 근육통 등이 일어난다.
   ③ 감염은 뇨나 감염동물에 직접적인 접촉으로만 일어난다.
   ④ 동물에는 사균 백신이 유효하며, 사람의 치료제로는 페니실린이 유효하다.

4. 다음 중 경구감염병에 포함되지 않는 것은?
   ① 장티푸스 ② 디프테리아
   ③ 폴리오 ④ 야토병

5. 꽃을 만들 때 도구에 반죽이 자꾸 달라붙는 이유로 맞은 것은?
   ① 쇼트닝을 바른 도구 사용
   ② 딱딱하게 굳어버린 반죽 사용
   ③ 물기가 묻어있는 도구 사용
   ④ 젤라틴 함량이 적은 반죽 사용

6. 슈가크래프트 반죽을 만들었는데 반죽 속에 하얀 알갱이 덩어리가 있는 경우는 무엇 때문인가?
   ① 체에 슈가파우더를 내리지 않아서
   ② 물엿을 넣지 않아서
   ③ 달걀흰자를 많이 넣어서
   ④ 젤라틴을 제대로 녹이지 않아서

7. 다음 중 색채 배색을 효과적으로 한 것은?
   ① 오렌지를 돋보이도록 하기 위해 어두운 계열의 색 그릇에 담는다.
   ② 전시회에서 미술 작품의 색이 강한 경우 배경을 유채색으로 한다.
   ③ 꽃을 돋보이도록 하기 위해 꽃병은 명도가 낮은 색으로 한다.
   ④ 얼굴색이 더욱 밝아 보이도록 짙은 색의 상의를 입는다.

8. 만들어둔 로열 아이싱을 사용할 때 공기를 빼고 사용하는 이유는?
① 파이핑 시 끊어짐을 방지하기 위해
② 더 단단한 반죽을 만들기 위해
③ 커팅 시 부서지지 않게 하기 위해
④ 색을 더 하얗게 하기 위해

9. 라일락에 사용된 기법으로 올바른 것은?
① 멕시칸 햇 기법
② 와이어드 플라워 기법
③ 프릴 기법
④ 풀드 플라워 기법

10. 라인웍 작업을 할 때 깨끗한 라인으로 마무리하는 방법은?
① 붓에 달걀흰자를 묻혀 마무리한다
② 붓에 전분가루를 묻혀 마무리한다.
③ 여러 번 붓으로 터치한다.
④ 쇼트닝으로 덧바른다.

11. 벚꽃을 만드는 과정으로 올바르지 <u>않은</u> 것은?
① 실을 감아 수술을 만든다.
② 풀드 플라워 기법으로 꽃잎을 만든다.
③ 맥시칸 햇 기법으로 꽃받침을 만든다.
④ 브라운색 플로랄 테이프로 와이어를 감는다.

12. 반죽에 색소를 넣어 색 반죽을 만들 때 주의할 점으로 올바르지 <u>않은</u> 것은?
① 처음부터 많이 넣으면 색이 진해지므로 조금씩 넣으며 원하는 색을 만든다.
② 슈가크래프트 전용 색소를 사용하면 색 날라감이 없다.
③ 색소를 덜어 쓸 때는 이쑤시개 등을 이용하면 편리하다.
④ 색소는 많이 넣을수록 반죽이 되직해지므로 색소는 최대한 많이 넣고 섞는다.

13. 빨간색을 본 뒤 하얀 종이를 봤을 때 빨간색의 보색인 청록색이 보이는 대비현상은?

① 동시대비	② 계속대비
③ 연변대비	④ 계시대비

14. 파스티아주 만들기에 적합하지 <u>않은</u> 재료는?

① CMC	② 아라비아 검
③ 젤라틴	④ 트라가칸트 검

15. 붓으로 수놓기 작업을 할 때 설명으로 <u>틀린</u> 것은?
① 케이크에 먼저 원하는 밑그림을 그린다.
② 볼륨감을 주기 위해 다른 방향으로 작업한다.
③ 밑그림에 맞춰서 로열 아이싱을 조금씩 짜가며 작업한다.
④ 로열 아이싱에 물을 조금씩 묻혀 가며 작업한다.

16. 스모킹 시 모양을 내는 도구는?
① 본툴 ② 핀셋
③ 휠커터 ④ 셀스틱

17. 개인위생관리에서 꼭 손을 씻어야 할 때가 아닌 것은?
① 머리를 손질한 후
② 쓰레기를 정리한 후
③ 얼굴을 만진 후
④ 화장실 가기 전

18. 다음 중 도구의 이름과 사용법이 올바르지 않은 것은?
① 스무더 : 반죽을 밀어펼 때 사용
② 휠커터 : 반죽을 자를 때 사용
③ 볼툴 : 꽃잎의 가장자리를 눌러줄 때 사용
④ 커터 : 반죽을 찍어낼 때 사용

19. 색으로 인하여 사람의 시선을 끄는 성질의 변화를 느끼게 만드는 것은?
① 명시성 ② 주목성
③ 집중성 ④ 항상성

20. 플라워 페이스트를 만들 때 들어가지 않는 재료는?
① 레몬즙
② 슈가파우더
③ 물엿
④ 옥수수 전분

21. 스티로폼에 커버링을 하는 과정으로 올바르지 않은 것은?
① 반죽을 매끈하게 밀어준다.
② 스티로폼에 약간의 물을 뿌린다.
③ 밀어편 반죽을 뒤집어서 커버링한다.
④ 스무더로 매끈하게 정리한다.

22. 카네이션을 만들 때 필요한 도구끼리 올바르게 짝지어진 것은?
① 카네이션 커터 — 셀스틱
② 셀스틱 — 실크베이닝 툴
③ 실크베이닝 툴 — 볼툴
④ 실크베이닝 툴 — 카네이션 커터

23. 다음 중 탁색의 설명이 아닌 것은?
① 명탕색과 암탁색이 있다.
② 명탁색은 순색에 밝은 회색을 섞은 색이다.
③ 암탁색은 순색에 어두운 회색을 섞은 색이다.
④ 탁색은 순색에 검은색만 섞은 색이다.

24. 다음 중 어류에 의해 감염되는 기생충이 아닌 것은?
① 유극악구충
② 간디스토마
③ 십이지장충
④ 광절열두조충

25. 작약을 만드는 과정으로 올바르지 않은 것은?

① 스키훅을 걸고 반죽을 끼워 심지를 만들어준다.
② 가위를 이용하여 심지에 가위집을 내준다.
③ 반죽을 밀어펴고 커터로 찍어준다.
④ 꽃잎은 주름을 따로 주지 않고 휴지 등을 사용하여 둥글게 모양을 잡아준다.

26. 반죽을 올바른 방법으로 보관하지 않아 표면이 굳어버렸을 때 재사용하기 위한 방법으로 옳은 것은?

① 사용할 수 없는 반죽이기에 버리고 다른 반죽을 사용한다.
② 표면에 물을 발라 표면을 녹이고 다시 반죽하여 사용한다.
③ 반죽을 그대로 치대어서 사용한다.
④ 굳은 반죽만 살짝 떼어낸 후 굳지 않은 부분만 사용한다.

27. 다음 중 멕시칸 햇 기법으로 만들어야 하는 꽃은?

① 장미 ② 백합
③ 튜브로즈 ④ 알스트로미리아

28. 꽃잎의 가장자리를 매끈하게 다듬는 역할을 하는 도구의 이름은?

① 볼툴 ② 베이너
③ 스무더 ④ 본툴

29. 슈가크래프트에 광택을 내는 재료는?

① 물엿 ② 물
③ 레몬 ④ 글레이즈

30. 반죽을 만들 때 주의해야 할 점으로 올바르지 않은 것은?

① 모든 재료는 사용하기 전에 꼭 유통기한을 확인한다.
② 슈가파우더는 덩어리가 있는 것을 사용하여도 무관하다.
③ 레몬즙과 흰자는 조금씩 넣어가며 되기를 조절한다.
④ 물엿과 젤라틴은 충분히 중탕하여 액체상태로 만든다.

31. 완성된 슈가플라워를 냉장고에 보관하였을 때 생기는 문제는?

① 표면에 습기가 생겨서 플라워가 녹을 수 있다.
② 시원한 곳이므로 더욱 오래 보관이 가능하다.
③ 표면에 곰팡이가 생길 수 있다.
④ 표면이 더욱 단단해진다.

32. 다음 중 잘못된 내용은?

① 적색계열의 색이 사용된 내부 공간은 시간의 흐름이 길게 느껴진다.
② 청색계열의 색이 사용된 내부 공간은 시간의 흐름이 짧게 느껴진다.
③ 난색계열의 고채도는 사람의 감정이 차분하고 냉정하도록 한다.
④ 환자 대기실은 지루함을 망각하는 한색계열의 색이 효과가 좋다.

33. 다음 중 주목성은 낮지만 우아함과 신비로움, 고급스러움을 주는 색상은?

① 자주색　② 녹색
③ 적색　④ 주황색

34. 레이스웍 작업 시 올바르지 않은 것은?

① 아이싱을 짜고 바로 떼어낸다.
② 필름지를 깔고 그 위에 쇼트닝을 바른 후에 파이핑을 하면 잘 떼어진다.
③ 아이싱이 완전히 굳어 딱딱할 때 떼어내야 부서지지 않는다.
④ 필름지는 흔들리지 않도록 테이프로 고정시킨 후 사용한다.

35. 다음 중 육류에 의해 감염되는 기생충이 아닌 것은?

① 동양모양선충　② 유구조충
③ 선모충　④ 무구조충

36. 반죽에 톱니 자국을 낼 때 사용하는 도구의 정확한 명칭은?

① 볼툴　② 휠커터
③ 본툴　④ 퀼팅 휠

37. 채소류를 통해 감염되는 기생충 질환 중 편충에 대한 설명으로 틀린 것은?

① 몸 길이의 반 이상이 식도로 되어 있는 3~5cm 크기의 선충류 일종이다.
② 맹장과 대장 상부 점막에 사는데 수명은 3~5년이다.
③ 채소류에 부착되어 인체에 감염되는 경우가 많으니 세척과 열처리가 가장 좋은 방법이다.
④ 온대지방의 보편적인 기생충으로 우리나라에서도 높은 감염률을 보인다.

38. 다른 색과 조화롭고 유채색과 적절히 조화시키면 효과를 증대시킬 수 있는 색은?

① 무채색　② 빨간색
③ 반대색　④ 노란색

39. 하나의 색이 근접한 주위의 색과 닮은 색으로 바뀌어 보이는 현상은?

① 색의 동화　② 색의 순응
③ 색채대비　④ 명시대비

40. 프릴 작업을 할 때 하늘하늘한 프릴을 만들 수 있는 방법으로 올바른 것은?

① 반죽에 물을 묻혀가며 얇게 프릴 작업을 한다.
② 반죽에 슈가파우더르 묻혀가며 프릴 작업을 한다.
③ 강한 힘을 이용하여 한 번에 프릴 작업을 한다.
④ 도구를 계속 돌려가며 여러 번 프릴 작업을 한다.

41. 커터 사용 시 자꾸 꽃잎이 달라붙는 주된 이유는?

① 탄력 있는 반죽을 사용해서
② 전분을 사용하여 반죽이 보송보송해져서
③ 도구에 쇼트닝이 묻어져 있어서
④ 앞전에 사용한 반죽이 붙어 있는 깨끗하지 않은 도구를 사용해서

42. 반죽을 만든 후 보관하는 방법으로 올바르지 않은 것은?

① 비가 많이 내리는 장마철엔 습하고 덥기 때문에 유통기한이 짧아지므로 유의한다.

② 실온에 보관하는 반죽은 비닐에 완전 밀봉 후 밀폐용기에 최장 일주일까지 사용이 가능하다.

③ 오래 두고 사용할 반죽은 비닐에 밀봉하여 냉동실에 보관하며 필요 시 해동하여 사용한다.

④ 반죽은 설탕 성분이므로 유통기한이 길기에 겨울철엔 실온에서 한 달 이상 사용이 가능하다.

43. 자스민을 만들 때 올바르지 않는 것은?

① 폴드 플라워 기법을 이용하여 만든다.

② 꽃잎에 철사를 끼울 때는 살짝 구부려 철사가 빠지지 않도록 한다.

③ 꽃잎은 가위로 5등분한다.

④ 꽃잎을 밀어 펴줄 때는 셀스틱을 이용하여 밀어펴준다.

44. 다음 중 올바른 도구 사용 방법이 아닌 것은?

① 모든 도구는 항상 청결하게 유지하여야 한다.

② 꽃잎에 철사를 끼울 때는 좀 더 잘 들어가게 하기 위하여 침을 발라서 끼워준다.

③ 본틀 사용 시 달라붙는 것을 방지하귀기 위하여 쇼트닝을 아주 살짝만 발라준다.

④ 반죽을 밀어펼 때는 보드판이 미끄러지지 않도록 미끄럼 방지패드를 깔아준다.

45. 다음 중 채소류를 의해 감염되는 기생충이 아닌 것은?

① 편충　　② 회충

③ 십이지장충　　④ 선모충

46. 라일락에 사용된 기법으로 올바른 것은?

① 멕시칸 햇 기법

② 와이어드 플라워 기법

③ 프릴 기법

④ 풀드 플라워 기법

47. 차분하고 통일성 있는 느낌을 주는 색을 선택할 때 어떤 배색 방법이 효과적인가?

① 유사색상　　② 보색생상

③ 동일색상　　④ 반대색상

48. 개인위생관리에서 식품 제조 시 착용하는 보호복을 선정하는 기준점은?

① 작업복과 일상복을 겸해서 사용한다.

② 밝고 깨끗한 색상을 사용한다.

③ 보호복은 제품이 오염되지 않도록 보호한다.

④ 보호복을 제외한 겉옷은 작업공간과 먼 곳에 보관한다.

49. 슈가 플라워를 작업을 할 때 생화처럼 나타내기 위하여 색을 입히는 작업을 하는데 이 때 사용하는 것은 무엇인가?

① 페이스트 색소

② 바니시

③ 더스팅 파우더

④ 스티밍

50. 멕시칸 햇 기법을 만들어야 하는 꽃은?

① 장미

② 튜브로즈

③ 알스트로미리아

④ 백합

기출문제 정답

제1회

1	①	2	③	3	②	4	①	5	①	6	④	7	①	8	③	9	③	10	②
11	③	12	④	13	①	14	②	15	④	16	④	17	②	18	①	19	②	20	④
21	②	22	①	23	③	24	①	25	④	26	②	27	④	28	③	29	③	30	①
31	①	32	③	33	①	34	③	35	②	36	④	37	③	38	①	39	④	40	③
41	②	42	④	43	①	44	②	45	①	46	②	47	②	48	②	49	①	50	①

제2회

1	④	2	③	3	①	4	①	5	②	6	④	7	②	8	③	9	④	10	④
11	①	12	③	13	④	14	②	15	③	16	②	17	①	18	④	19	②	20	④
21	②	22	④	23	①	24	③	25	③	26	①	27	①	28	④	29	③	30	①
31	④	32	①	33	①	34	③	35	③	36	①	37	④	38	②	39	④	40	②
41	③	42	②	43	③	44	①	45	④	46	①	47	②	48	③	49	③	50	③

제3회

1	②	2	③	3	④	4	④	5	④	6	③	7	②	8	③	9	④	10	④
11	④	12	③	13	③	14	①	15	④	16	①	17	②	18	①	19	③	20	②
21	①	22	③	23	②	24	①	25	②	26	③	27	①	28	④	29	②	30	③
31	③	32	②	33	④	34	①	35	②	36	②	37	①	38	③	39	③	40	①
41	④	42	③	43	①	44	④	45	④	46	②	47	②	48	④	49	④	50	②

제4회

1	③	2	③	3	③	4	②	5	②	6	③	7	②	8	③	9	②	10	③
11	④	12	④	13	④	14	①	15	①	16	③	17	②	18	④	19	①	20	①
21	①	22	①	23	①	24	②	25	②	26	①	27	①	28	①	29	②	30	③
31	②	32	①	33	②	34	③	35	②	36	④	37	①	38	④	39	④	40	①
41	②	42	③	43	③	44	④	45	④	46	①	47	①	48	②	49	②	50	④

제5회

1	④	2	④	3	③	4	④	5	④	6	①	7	②	8	①	9	④	10	①
11	②	12	④	13	②	14	③	15	④	16	②	17	④	18	①	19	②	20	④
21	③	22	④	23	④	24	③	25	④	26	④	27	③	28	①	29	④	30	②
31	①	32	③	33	①	34	①	35	①	36	④	37	②	38	①	39	①	40	④
41	④	42	④	43	④	44	②	45	④	46	④	47	③	48	①	49	③	50	②

SPi 참고 문헌

- (사)대한슈가크래프트협회, "슈가크래프트 길라잡이", 대가출판사, 2012.
- 윤경화·김혜신, "월튼 방식 케이크 데코레이션 자격대비", 파워북, 2019.
- 최정윤 외 SCA 회원, "설탕으로 빚는 달콤한 놀이 슈가크래프트", 성안당, 2017.

설탕으로 빚는 감성의 기술

SPI SugarCraft

초판 인쇄 | 2025년 7월 25일
초판 발행 | 2025년 7월 30일

지 은 이 | 김정계
펴 낸 이 | 주병오·주민기

펴 낸 곳 | 지구문화사 JIGU PUBLISHING Co.
주 소 | 경기도 파주시 회동길 209
파주출판문화도시
마 케 팅 팀 | (02) 955-7566·7577
편집디자인팀 | (02) 955-7731
F A X | (02) 955-7730
e-mail | jigupub@daum.net
등 록 번 호 | 1979년 7월 13일 제 9-57호

값 28,000원

ISBN 978-89-7006-967-8